Die Organisation der Arbeitgeber

von

H. A. Bueck

Geschäftsführer des Centralverbandes Deutscher Industrieller

Berlin 1904

J. Guttentag, Verlagsbuchhandlung,

G. m. b. H.

Inhalt.

Vorbemerkung.

Das Direktorium des Centralverbandes Deutscher Industrieller war, nachdem es bereits vorher seine Absicht, die Organisation der Arbeitgeber in die Wege zu leiten, verkündet hatte, am 13. Januar d. J. zu einer Sitzung zusammengetreten und hatte beschlossen

> „Eine Centralstelle der Arbeitgeberverbände zu errichten, um sie zur Bekämpfung unberechtigter Bestrebungen der Arbeiter untereinander in Verbindung zu bringen."

Eine am 17. Januar in Berlin abgehaltene Versammlung, an der auch dem Centralverbande nicht als Mitglieder angehörende Verbände, Vereine und einzelne Arbeitgeber beteiligt waren, faßte folgenden Beschluß:

> „Die heute im Hotel Kaiserhof versammelten Industriellen und Vertreter industrieller Verbände erklären es einstimmig für eine dringende Notwendigkeit, daß ein allgemeiner deutscher Arbeitgeberverband ins Leben gerufen wird, und haben zu diesem Zwecke ein aus 11 Mitgliedern bestehendes Komitee gewählt, welches die weiteren Schritte zur Verwirklichung dieses Beschlusses zu veranlassen hat."

Den Mitgliedern dieser Kommission sei diese Schrift zunächst übergeben mit der Anheimstellung, ihre Beachtung wesentlich dem zweiten Abschnitt zuzuwenden. Er enthält einige Grundzüge, nach denen die Organisation der Arbeitgeberverbände und der sie umfassenden Centralstelle vielleicht vollzogen werden könnte. Bei Aufstellung dieser Grundzüge hat mir die Absicht sehr fern gelegen, von vorneherein bestimmte Ansichten befürwortend zur Geltung zu bringen. Zu meinem Vorgehen bin ich lediglich von der Erfahrung veranlaßt worden, daß jede beratende Körperschaft schneller und erfolgreicher arbeitet, wenn sie eine gewisse Grundlage zur Hand hat, auch wenn diese vollständig umgestaltet aus der Beratung hervorgeht. Von dieser Ansicht geleitet, werde ich, als Mitglied jenes Komitees, jede Aenderung, die dazu beitragen kann, im Interesse der Gesamtheit die Erfüllung der bedeutungsvollen, dem Komitee gestellten Aufgabe zu fördern und zu sichern, freudig begrüßen und ihr zustimmen.

Der erste Abschnitt dieser Schrift verfolgt den Zweck, die industriellen Arbeitgeber mehr und nachdrücklich von der Notwendigkeit zu überzeugen, sich fest zusammenzuschließen, um gegenüber den drohenden, immer schärferen Angriffen ihre berechtigte Stellung zu wahren und den größeren Teil ihrer Arbeiter gegen Vergewaltigung zu schützen. Wenn auch nur ein kleiner Teil der Schwankenden durch diese Schrift veranlaßt werden sollte überzeugt für das große Werk der Organisation der Arbeitgeber einzutreten, so würde die auf sie verwendete Arbeit reich gelohnt sein.

Berlin, am 3. Februar 1904.

H. A. Bueck.

I.

Ist der Zusammenschluß der Arbeitgeber zur Abwehr unberechtigter Ansprüche der Arbeiter und ihrer Organisationen notwendig und berechtigt?

Die Koalitionsfreiheit und deren Mißbrauch sind nicht erst mit der neueren Entwickelung des Wirtschaftslebens in die Erscheinung getreten. Schon im deutschen Mittelalter war das Recht des wirtschaftlichen Zusammenschlusses, der Koalition, aus der in den germanischen Völkern herrschenden Grundanschauung hervorgegangen. Denn das gesamte deutsche mittelalterliche Leben beruhte auf religiösen, politischen und wirtschaftlichen Korporationen. Die Weiterentwickelung dieser Korporationen auf dem Gebiete der gewerblichen Tätigkeit steht im Zusammenhang mit der entsprechenden Bewegung unserer Zeit. Nur Verlauf und Hergang der Erscheinungen unterscheiden sich insofern wesentlich von den gegenwärtigen Vorgängen, als damals dem Zusammenschluß der Arbeitgeber derjenige der Arbeitnehmer folgte.

Der festgeschlossenen Vereinigung der Arbeitgeber, der das gewerbliche Leben hauptsächlich verkörpernden Meister, in der Zunft, traten bereits im 14. Jahrhundert die Vereinigungen der Arbeitnehmer, der Gesellen und Gehilfen, in ihren Bruderschaften und Gesellenverbänden gegenüber.

Den damaligen sozialen Anschauungen und Verhältnissen, wie der im allgemeinen äußerst langsamen Entwickelung entsprechend, änderten sich die anfangs befriedigenden Beziehungen zwischen den beiderseitigen Koalitionen nur sehr allmählich. Wegen Behandlung der damals ausschließlich im Haushalte bezw. im Familienverbande des Meisters lebenden Gesellen, wegen der äußeren Formen des Verkehrs zwischen beiden als Mitglieder besonderer Korporationen und später auch wegen der Arbeitsbedingungen traten Gegensätze ein, die sich verschärften. Der Kampf um den Lohn und die Arbeitsbedingungen wurde mit Mitteln geführt sehr ähnlich denen, die gegenwärtig im Kampfe um die Macht von den Arbeitern verwendet werden. Auf Verabredung legten die Gesellen auch damals schon die Arbeit nieder, und die auswärtigen Herbergen wurden verständigt, den Zuzug der wandernden Gesellen abzuhalten. Den Arbeitswilligen wurde durch Vorenthaltung des Handwerkszeuges das Handwerk „gelegt".

Diese an Heftigkeit zunehmenden, nicht selten in Unbotmäßigkeit und Aufruhr ausartenden Streitigkeiten zeigten schon damals den Charakter des Klassenkampfes; sie griffen störend ein nicht nur in das mit dem Ausgang des Mittelalters tief sinkende Gewerbe, sondern auch höchst empfindlich in die betreffenden Gemeinwesen. Alle Versuche, dem Mißbrauch des unbeschränkten Koalitionsrechtes der Gesellen entgegenzutreten, waren jedoch erfolglos. Vergebens versuchten die städtischen Verwaltungen durch Zusammenfassung des Gesellenrechtes in ihren Gewerbeordnungen dem Unwesen zu steuern, und, bei der Ohnmacht der Reichsgewalt, erwiesen sich ebenso wirkungslos die zahlreichen, im Laufe des 16. Jahrhunderts erlassenen Reichsgesetze.

Erst mit dem Erstarken der höchsten obrigkeitlichen Macht in den Einzelstaaten des Reiches, die sich im 17. Jahrhundert vollzog, gelang es mit größerem Erfolge den Ausschreitungen der Gesellen und ihrer Koalitionen entgegen zu treten. Gestützt auf das Reichsgesetz vom 16. August 1731 wurden die Koalitionen der Gesellen entweder aufgelöst oder es wurde ihnen eine Form gegeben, durch die sie ihres Inhaltes beraubt und ihrem eigentlichen Zwecke vollkommen entfremdet wurden. Zuwiderhandlungen gegen die erlassenen Arbeitsordnungen wurden mit Festung, Gefängnis, Zuchthaus, selbst mit Todesstrafe bedroht.

Im Laufe des 18. Jahrhunderts war das freie Vereins- und Koalitionsrecht des Mittelalters vollkommen beseitigt worden. Die Bildung von Vereinigungen jeglicher Art wurde schließlich von obrigkeitlicher Genehmigung abhängig gemacht und die Vereinigungen selbst der scharfen Aufsicht der Regierungen unterstellt. Der durch Jahrhunderte geübte Mißbrauch der Koalitionsfreiheit hatte eine weit über das Ziel hinausschießende Reaktion zur Folge gehabt. Sie wurde zu Anfang des 19. Jahrhunderts nur vorübergehend durch die gewaltige Bewegung im Volke unterbrochen, die zur Abschüttelung der verhaßten Fremdherrschaft führte.

Die mit dem Bundesbeschluß vom 5. Juni 1832 auf dem Gebiete des Vereinswesens wieder einsetzende rückläufige Bewegung, die in dem gänzlichen Verbot aller politischen Vereine gipfelte, erreichte durch die Ereignisse des Jahres 1848 ihr Ende. Der Bundesbeschluß vom Jahre 1832 wurde aufgehoben und das Recht der Vereinigung anerkannt, soweit deren Zwecke den Strafgesetzen nicht zuwider liefen.

In Preußen wurde durch Gesetz vom 11. März 1850 das Recht der Vereinigungen von neuem geregelt. Es sprach der Regierung die Befugnis zu, einen Verein aufzulösen, wenn er Beschlüsse, Anträge oder Vorträge erörterte, die Aufforderungen oder Anregungen zu strafbaren Handlungen enthielten. Ein Bundesbeschluß vom 13. Juni 1854 machte den Bundesstaaten zur Pflicht, Arbeitervereine und Arbeiterverbrüderungen zu untersagen, wenn sie politische, sozialistische oder kommunistische Zwecke verfolgten.

Dieser von den Einzelstaaten verschieden ausgeführte Beschluß wurde in Preußen gar nicht veröffentlicht. Von der Anwendung dieses Bundesgesetzes mag Abstand genommen wrrden sein, weil in Preußen die Verhältnisse der Vereinigungen sowohl der Arbeitgeber, wie der Arbeiter in der Richtung des Koalitionsverbotes bereits durch die Gewerbeordnung von 1845 geregelt worden waren. Die betreffenden Bestimmungen dieser Gewerbeordnung lauteten:

„§ 181. Gewerbetreibende, welche ihre Gehilfen, Gesellen oder Arbeiter oder die Obrigkeit zu gewissen Handlungen oder Zugeständnissen dadurch zu bestimmen suchen, daß sie sich mit einander verabreden, die Ausübung des Gewerbes einzustellen, oder die ihren Anforderungen nicht nachgebenden Gehilfen, Gesellen oder Arbeiter entlassen oder zurückweisen, ingleichen diejenigen, welche zu einer solchen Verabredung andere auffordern, sollen mit Gefängnis bis zu einem Jahre bestraft werden."

„§ 182. Gehilfen, Gesellen oder Fabrikarbeiter, welche entweder die Gewerbetreibenden selbst oder die Obrigkeit zu gewissen Handlungen oder Zugeständnissen dadurch zu bestimmen suchen, daß sie die Einstellung der Arbeiten oder die Verhinderung derselben bei einzelnen oder mehreren Gewerbetreibenden verabreden oder zu einer solchen Verabredung andere auffordern, sollen mit Gefängnis bis zu einem Jahre bestraft werden."

Diese Bestimmung war auch anzuwenden auf Arbeiter, welche bei Berg- oder Hüttenwerken, Landstraßen, Eisenbahnen, Festungsbauten und anderen öffentlichen Anlagen beschäftigt waren.

„§ 183. Die Bildung von Verbindungen unter Fabrikarbeitern, Gesellen, Gehilfen oder Lehrlingen ohne polizeiliche Erlaubnis ist, sofern nach den Kriminalgesetzen keine härtere Strafe eintritt, an den Stiftern und Vorstehern mit Geldbuße bis zu 50 Talern oder Gefängnis bis zu 4 Wochen, an den übrigen Teilnehmern mit Geldbuße bis zu 20 Talern oder Gefängnis bis zu 14 Tagen zu ahnden."

„§ 184. Gesellen, Gehilfen und Fabrikarbeiter, welche ohne gesetzliche Gründe eigenmächtig die Arbeit verlassen oder ihren Verrichtungen sich entziehen oder sich groben Ungehorsams oder beharrlicher Widerspenstigkeit schuldig machen, sind mit Geldbuße bis zu 20 Talern oder Gefängnis bis zu 14 Tagen zu bestrafen."

Vervollständigt wurden diese Bestimmungen durch das die landwirtschaftlichen Arbeiter betreffende Gesetz vom 24. April 1854; dessen § 2 lautete:

„Gesinde, Schiffsknechte, Dienstleute oder Handarbeiter der im § 2 näher bezeichneten Art (das sind die ländlichen Arbeiter), welche die Arbeitgeber oder die Obrigkeit zu gewissen Handlungen oder Zugeständnissen dadurch zu bestimmen suchen, daß sie die Einstellung der Arbeit oder die Verhinderung derselben bei einzelnen oder mehreren Arbeitgebern verabreden oder zu einer solchen Verabredung andere auffordern, haben Gefängnisstrafe bis zu einem Jahre verwirkt."

Das Gesetz vom 21. Mai 1860, betreffend die Aufsicht der Bergbehörden und das Verhältnis der Berg- und Hüttenarbeiter, enthielt für diese ein besonderes Koalitionsverbot in den §§ 16—18*).

In Deutschland war das Gewerbe eingeengt durch zünftlerische Formen, mit denen man gehofft hatte, die alten zusammengebrochenen Zünfte des Mittelalters wieder beleben zu können. Gegen diese Beschränkungen erhoben sich immer schärfer die Stimmen derer, die volle Bewegungsfreiheit als die notwendige Grundlage einer gedeihlichen Entwicklung der gewerblichen Tätigkeit erkannt hatten. In Preußen zumal standen jene Beschränkungen des Gewerbes zu sehr in Widerspruch mit den für alle Zeit denkwürdigen Landeskulturgesetzen, durch welche zu Anfang des 19. Jahrhunderts Personen, Eigentum und teilweise auch der Gewerbebetrieb von den Zwangsformen des Mittelalters befreit worden waren.

Die fortschreitende Bewegung hatte zur Folge, daß in den sechziger Jahren des 19. Jahrhunderts in den meisten deutschen Staaten die Gewerbeordnungen im Sinne der Gewerbefreiheit revidiert wurden.

In den meisten anderen deutschen Staaten erstreckte sich diese Reform der Gewerbegesetzgebung nicht auf die Beseitigung des Koalitionsverbotes. In Preußen zeigte die Regierung den auf die Beseitigung dieses Verbots gerichteten Bestrebungen ein gewisses Entgegenkommen.

Die Beschränkungen des Koalitionsrechtes wurden in Deutschland erst allgemein beseitigt durch die §§ 152 und 153 der Reichs-

---

*) Diese tatsächlichen Angaben sind entnommen dem Referat, welches der Geh. Regierungsrat König, Mitglied des Direktoriums des Centralverbandes Deutscher Industrieller, in der Delegiertenversammlung dieses Verbandes am 17. November 1899 zu dem Gesetzentwurf, betreffend den Schutz des gewerblichen Arbeitsverhältnisses, speziell über die Entwickelung des Koalitionsrechts in Deutschland, gehalten hat.

Gewerbeordnung, die lediglich auf die rein gewerblichen Verhältnisse Bezug hatten für die gewerblichen Unternehmer und Arbeiter sowie für Arbeitgeber und Arbeiter im Berg- und Hüttenwesen. Das Koalitionsverbot für die landwirtschaftlichen Arbeiter blieb in Preußen durch Aufrechterhaltung der Gültigkeit des Gesetzes vom 24. April 1854 bestehen.

Die §§ 152 und 153 der R.-G.-O. regelten somit die Rechtsprechung über das Koalitionsrecht, jedoch in Verbindung mit den einzelnstaatlichen Gesetzen über das Vereinsrecht und mit dem Reichs-Strafgesetzbuch.

Ueber den Inhalt dieser beiden Paragraphen führte Geh. Regierungsrat König in seinem bereits angezogenen Referate folgendes aus:

„Der § 152 der R.-G.-O. hebt alle Verbote und Strafbestimmungen gegen Gewerbetreibende, gewerbliche Gehilfen, Gesellen oder Fabrikarbeiter wegen Verabredungen und Vereinigungen zum Behufe der Erlangung günstiger Lohn- und Arbeitsbedingungen, insbesondere mittels Einstellung der Arbeit oder Entlassung der Arbeiter auf, er konstituiert also tatsächlich die Koalitionsfreiheit für die Gewerbetreibenden und für die gewerblichen Arbeiter. Die Bestimmungen des § 152 gelten auch für die Unternehmer und Gehilfen im Handelsgewerbe; dagegen finden sie keine Anwendung auf diejenigen Arbeiter und Arbeitgeber, welche in Gewerben beschäftigt sind, die überhaupt nicht unter die Gewerbeordnung fallen, z. B. die mit dem Betriebe von Eisenbahnen beschäftigten Unternehmer und Arbeiter, dagegen sind sie, wie ich bereits erwähnte, durch den § 154a ausdrücklich auch auf die Besitzer und Arbeiter von Bergwerken, Salinen, Aufbereitungsanstalten und unterirdisch betriebenen Brüchen oder Gruben bezogen worden."

„Zweifelhaft ist übrigens, ob auch die Lehrlinge die Vergünstigungen des § 152 der Reichs-Gewerbeordnung genießen."

„Die Rechtsprechung der höchsten Gerichte hat den § 152 übereinstimmend dahin ausgelegt, daß derselbe die Koalitionsfreiheit der Arbeiter nur dann gewährt, wenn es sich um unmittelbare Einwirkung auf den andern Teil zu dem Zwecke handele, eine Veränderung der Bestimmungen der Lohn- und Arbeitsverträge in einem bestimmten Arbeitsverhältnisse oder in einem bestimmten Gewerbszweige oder an einem bestimmten Orte herbeizuführen. Verabredungen und Vereinigungen, welche die Verbesserung der Lage der Arbeiter im allgemeinen bezwecken, unterliegen der Vereinsgesetzgebung der Einzelstaaten. Ebenso alle solche Verabredungen und Vereinigungen, welche den Bereich des gewerblichen Lebens mit seinen konkreten Interessen verlassen. Auch sind diejenigen Bestimmungen des Vereins- und Versammlungsrechts gegenüber den durch § 152 geschützten Vereinigungen in Kraft, welche lediglich den Charakter von Ordnungsvorschriften haben, wie z. B. die Pflicht der Anzeige von Vereinen und Versammlungen bei der Polizeibehörde."

„Unter den Mitteln, welche zur Herbeiführung günstiger Lohn- und Arbeitsverhältnisse dienen können, nennt der Paragraph ausdrücklich Einstellung der Arbeit, also Ausstand oder Streik, und Entlassung der Arbeiter, also die Aussperrung. Jedoch sind auch alle anderen Mittel zulässig, sofern dieselben nicht den Bestimmungen des Reichs-Strafgesetzbuches zuwider laufen."

„Ein gesetzlicher Schutz ist den Koalitionsverabredungen nicht gewährt. Vielmehr steht jedem Teilnehmer der Rücktritt von solchen Vereinbarungen frei, und es kann weder auf die Erfüllung solcher Verabredungen geklagt noch die Nichterfüllung im Wege der Einrede geltend gemacht werden."

„Allseitig war man sich in den 60er Jahren, deren Bewegung, wie ich bereits ausgeführt, der § 152 der Gewerbeordnung seine Entstehung verdankt, darüber klar, daß dem Mißbrauch der Koalitionsfreiheit durch Strafbestimmungen entgegen gearbeitet werden müsse. § 153 droht Gefängnisstrafe bis zu drei Monaten, dem, der andere durch Anwendung körperlichen Zwanges, durch Drohungen, durch Ehrverletzungen oder durch Verrufserklärung bestimmt oder zu bestimmen versucht, an den in § 152 bezeichneten Verabredungen teilzunehmen oder ihnen Folge zu leisten oder andere durch gleiche Mittel hindert oder zu hindern versucht, von solchen Verabredungen zurückzutreten."

„Dieser Paragraph ist eine Ergänzung zu dem § 240 des Strafgesetzbuches, welcher von der Nötigung handelt. Er geht weiter als dieser, weil er den Versuch mit der vollendeten Tat gleichstellt und weil er den Begriff des körperlichen Zwanges einführt, der also nicht bloß Mißhandlungen, sondern jede gegen den Körper gerichtete Handlung zur Vollendung der Straftat als genügend bezeichnet. Die Rechtsprechung der Gerichte hat den weiten Begriff der Drohung entsprechend gedeutet, und es genügt zur Vollendung der Straftat jede Drohung mit einem Uebel, gleichviel in welcher Form die Drohung erfolgt, und gleichviel welcher Art das Uebel ist. Ebenso ist es unerheblich, ob der Bedrohte das angedrohte Uebel tatsächlich zu fürchten hat. Eine weitgehendere Auslegung hat auch der Begriff der Verrufserklärung gefunden, welcher eine ganze Reihe von Erklärungen umfaßt, die nicht, wie die Ehrverletzungen in den §§ 185 bis 187 des Reichs-Strafgesetzbuches, unter Strafe gestellt sind. Es genügt zur Vollendung der Straftat jede Aeußerung, durch welche der Betroffene in den Augen anderer als ein Unwürdiger hingestellt werden soll, also als eine Person, deren Ruf unter seinen Standesgenossen herabgewürdigt ist."

„Das ist aber auch alles, denn auf der anderen Seite ist der Gegenstand des Deliktes des § 153 der Gewerbeordnung ein außerordentlich enger, ein viel zu enger, denn es handelt sich immer nur um die Teilnahme oder die Mitwirkung oder den Verbleib bei einer Verabredung von Gewerbetreibenden oder gewerblichen Arbeitern zum Behufe günstiger Lohn- und Arbeitsbedingungen. Sobald irgend welche anderen Vereinigungen vorliegen oder sobald der Zweck der Vereinigungen andere Fragen des Arbeitsverhältnisses als die Lohn- oder Arbeitsbedingungen betrifft, ist § 153 nicht mehr anwendbar. Derselbe greift auch nicht Platz, wenn die Nötigung zur Arbeitseinstellung bezw. zur Aussperrung erfolgt, ohne daß eine Verabredung dieser Maßnahmen vorher stattgefunden hat. Auch hat sich die Rechtsprechung der obersten Gerichte dahin entschieden, daß der Ausdruck „Wer andere bestimmt . . . . . ihnen Folge zu leisten" so auszulegen sei, daß die Nötigung von den Genossen des Betreffenden ausgehen müsse, d. h. von Arbeitern auf Arbeiter, von Arbeitgebern auf Arbeitgeber. Ein Zwang, der von Arbeitern auf Arbeitgeber ausgeübt wird, z. B. auf solche Arbeitgeber, welche die durch einen Streik unterstützten Forderungen der Arbeiter nicht bewilligen, z. B. durch Boykott, fällt nicht unter die Bestimmungen des § 153. Eine gegenteilige Auslegung des Oberlandesgerichts in Celle ist vereinzelt geblieben."

„Der § 153 der Reichs-Gewerbeordnung weist selbst auf die einschlägigen Paragraphen des Strafgesetzbuches hin. Mit den Vergehen aus diesen Paragraphen können besonders konkurrieren die Bestimmungen des Reichs-Strafgesetzbuches § 116 (öffentliche Aufforderung zum Ungehorsam), §§ 123—124 (Hausfriedensbruch), § 125 (Landfriedensbruch), § 126 (Androhung eines gemeingefährlichen Verbrechens), § 127 (bewaffnete Zusammenrottungen), § 130 (Aufhetzung zu Gewalttätigkeiten), §§ 185—187 (Beleidigung und Verleumdung), §§ 240 und 241 (Nötigung), §§ 252 und 254 (Erpressung)."

„Den Boykott hat man übrigens in einzelnen Fällen als Nötigung oder Erpressung charakterisieren können, außerdem ist der Versuch gemacht worden, die Boykottierung als groben Unfug zu bestrafen. Alle solche Versuche, die unzulänglichen Bestimmungen des § 153 der Gewerbeordnung durch Auslegung der Strafvorschriften des Strafgesetzbuches zu ersetzen, werden größtenteils das Gefühl der Härte, ja der Ungerechtigkeit hinterlassen, jedenfalls eine Rechtsgleichheit nie schaffen. Der Rechtssicherheit, dem Verlangen nach gleichem Rechte wird nur durch klare, die Straftat treffende Strafbestimmung und nicht zum geringsten dadurch genügt, daß die Strafbestimmung auch angewendet und mit Ernst nach dem alten Satze: „Die Strafe folgt der Tat auf dem Fuße" angewendet wird."

Die Unzulänglichkeit der Bestimmungen des § 153 der R. G. O. wird nur verständlich durch einen Blick auf die damaligen gewerblichen und sozialpolitischen Verhältnisse. Das Gewerbe, besonders die Industrie, hatten, abgesehen von einem leider schnell vorübergehenden Aufschwung nach dem Kriege des Jahres 1866, schwere Zeiten, die Arbeit mangelte, Arbeitskräfte waren ausreichend vorhanden. Arbeiterausstände waren daher eine Seltenheit und wegen ihrer geringen Ausdehnung und Bedeutung kaum beachtete Ereignisse. Denn eine sozialdemokratische Bewegung im heutigen Sinne des Wortes gab es damals nicht. Republikanische, sozialistische und kommunistische Ideen waren zwar bereits in der ersten Hälfte des 19. Jahrhunderts verbreitet; sie waren teilweise aus dem 18. Jahrhundert von Frankreich nach Deutschland übertragen worden. Die damals in vielen Beziehungen in der Tat unbefriedigende Lage der Arbeiter führte dazu, daß jene Ideen, in Verbindung mit den auf die Besserung ihrer Lage gerichteten Bestrebungen, in weit verzweigten Geheimbunden gepflegt und betrieben wurden. Diese wurden aber mit eiserner Hand niedergehalten, als die Regierungen nach den Ereignissen des Jahres 1848 wieder zum vollen Bewußtsein ihrer Macht und Stärke gelangt waren.

Erst die freiere Auffassung des Regenten, des späteren Königs und Kaisers Wilhelm I., der Anbruch der sogenannten „neuen Aera", gestattete der Arbeiterbewegung mehr hervorzutreten. Man darf aber nicht vergessen, daß die Grundlagen für die spätere Bildung und das öffentliche Auftreten der sozialdemokratischen Partei in Deutschland erst im Jahre 1863 durch das von Lassalle an den Arbeiter-Bildungsverein in Leipzig gerichtete „Offene Antwortschreiben" gelegt worden waren. Die Lassalleaner erkannten auch den Staat und die Gesellschaft an; beide sollen mit Hilfe des allgemeinen Wahlrechts zur Besserung der Lage der Arbeiter gezwungen werden.

Noch später setzte mit dem von Dr. Max Hirsch und dem fortschrittlichen Abgeordneten Franz Duncker auf den 28. September 1868 berufenen Kongreß die Gewerkschaftsbewegung ein. Diese Hirsch-Dunckerschen Gewerkvereine waren aber nicht sozialdemokratisch; ihre der Sozialdemokratie entgegengesetzte Stellung nehmen sie noch heute ein.

So waren die §§ 152 und 153 mit ihrem durchaus unzureichenden Rüstzeug am Ende eines Zeitabschnittes entstanden, in dem man von dem schnellen Wachsen der Sozialdemokratie, von ihren gegen den Staat, gegen die Gesellschafts- und Wirtschaftsordnung gerichteten Tendenzen im allgemeinen noch keine Ahnung hatte. Wären die schweren Erschütterungen vorausgesehen worden, die in der Folge durch Ausstände dem wirtschaftlichen Leben bereitet wurden, hätte man vermuten können, daß eine straff organisierte

Minderheit, in Ausübung eines rücksichtslosen Terrorismus, es dem einzelnen immer schwieriger machen würde, seine Freiheit neben der übermächtigen sozialdemokratischen Koalition zu bewahren, so würden wahrscheinlich ausreichendere Garantien verlangt und erhalten worden sein.

So aber, wie die in Rede stehenden Paragraphen der Gewerbeordnung damals gefaßt waren, boten sie der Rechtspflege nicht die erforderlichen Mittel, um die Uebergriffe der sozialdemokratischen Organisationen zu ahnden, sie damit zurückzuweisen und die Freiheit des einzelnen zu schützen.

Denn zur Koalitionsfreiheit gehört nicht nur das Recht und die Freiheit, sich beliebig zusammenzuschließen, sondern auch das Recht und die Freiheit, sich von der Koalition fern zu halten bezw. wieder zu trennen. Wo die Willensfreiheit, die freie Entschließung des einzelnen, unter der Einwirkung des Zwanges steht, da ist keine Freiheit. Es fehlte daher in jenen Paragraphen der wirksame Schutz für die Freiheit des einzelnen auch gegenüber der Koalition. Dieser Schutz ist ein unentbehrliches Korrelat der gesetzlich gewährleisteten Koalitionsfreiheit, und dieses Korrelat ist ebenfalls gesetzlich zu gewährleisten, damit die Koalitionsfreiheit nicht ausarte und gemißbraucht werde als Koalitionszwang. Dieser Zwang ist tatsächlich ausgeübt worden, er wird weiter ausgeübt und zwar mit den verwerflichsten Mitteln. Er bleibt in den meisten Fällen straflos.

Die Anwendung der Bestimmungen des Strafgesetzbuchs wird in zahllosen Fällen dadurch verhindert, daß die vorkommenden Delikte sogenannte Antragsvergehen sind, deren Verfolgung also nur auf Antrag des Betroffenen eintritt. Diese Anträge zu stellen, scheuen sich aber vielfach die Arbeiter, weil sie die Rache der Genossen fürchten. Machtlos ist auch die gegenwärtige Gesetzgebung den Zwangsmitteln gegenüber, die bei allen Streiks eine große Rolle spielen, dem Wegnehmen des Handwerksgeräts und der Ueberwachung der Arbeitsplätze und der Zugänge zu denselben, wobei Drohungen und Zwang in weitem Umfange ausgeübt werden. Der Tatbestand des Strafgesetzbuches bezüglich des Diebstahls, des Raubes oder der Unterschlagung ist bei der Vorenthaltung der

Werkzeuge nicht gegeben, weil dem Täter die Absicht fehlt, sich die Gegenstände rechtswidrig zuzueignen. Mit dem Bewachen der Arbeitsplätze und der Zugänge zu denselben steht auf gleicher Linie das lästige Verfolgen eines Menschen auf Wegen und Straßen.

Daß die Strafbestimmungen des § 153 der G. O. wesentlich immer nur dann eintreten, wenn es sich um Verabredung zur Erlangung günstigerer Löhne und Arbeitsbedingungen handelt, ist bereits angeführt worden. Es kann also Verrufserklärung und körperlicher Zwang gegen andere ausgeübt werden, sobald keine Verabredung vorliegt. Es kann körperlicher Zwang, Drohung, Ehrverletzung oder Verrufserklärung gegen andere ausgeübt werden, wenn eine Verabredung vorliegt, die sich nicht gerade auf die Erlangung günstigerer Löhne und Arbeitsverhältnisse bezieht, also wenn es sich z. B. um die Frage der Arbeitsvermittlung oder darum handelt, ob ein Arbeiter wieder eingestellt werden soll, oder wenn überhaupt Machtfragen zwischen dem Arbeitgeber und Arbeitnehmer entschieden werden sollen.*) Es können endlich diese verwerflichen Mittel angewendet werden, um einen Zwang von Arbeitnehmern auf Arbeitgeber oder umgekehrt auszuüben. Es fehlt auch eine Verschärfung der Strafe für den Fall, in dem die Straftaten gewohnheitsgemäß oder gar gewerbsmäßig ausgeführt werden, wodurch Nachteile für die öffentliche Wohlfahrt entstehen.

So ist es außer Zweifel, daß die geltenden gesetzlichen Bestimmungen einen wirksamen Schutz des gewerblichen Arbeitsverhältnisses nicht gewähren. Es fehlen vor allem gesetzliche Maßnahmen zum Schutz gegen den Zwang und eine mit unerlaubten Mitteln versuchte Einwirkung auf die Arbeiter. Unerwähnt darf hier nicht bleiben, daß in weiten Kreisen volle Klarheit darüber zu herrschen scheint, daß das Koalitionsrecht der Arbeiter in gewissen Betrieben, die eine hervorragende Bedeutung im öffentlichen allgemeinen Interesse haben, z. B. in Kohlenbergwerken, Gasanstalten, Transportunternehmungen, einer Einschränkung bedürfe.

---

*) In einzelnen Fällen würde sich ein solches Handeln allerdings als Beleidigung (§ 185 R. G.-B.), Nötigung (§ 240 a. a. O.) oder Bedrohung mit einem Verbrechen (§ 241 a. a. O.) auffassen lassen und dann nach den angeführten Bestimmungen des Strafgesetzbuchs den Täter strafbar machen.

Selbst unter dem Drucke des Sozialistengesetzes verübten die Sozialdemokraten bei Arbeitseinstellungen arge Ausschreitungen. Mangels gesetzlicher Handhaben, ihnen wirksam entgegenzutreten, griff die Regierung zu dem Mittel des sogenannten „Strikeerlasses" vom 11. April 1886. Mit diesem wurden die Polizeibehörden angewiesen, im Interesse der öffentlichen Ruhe und Ordnung streng darüber zu wachen, daß die Lohnkämpfe ausschließlich auf friedlichem Wege und mit gesetzlichen Waffen zum Austrag gelangten, nötigenfalls den Bedrängten Schutz und Beistand zu gewähren. Dieser Erlaß hat eine erhebliche Wirkung nicht ausgeübt.

Im Jahre 1890 erlosch das Sozialistengesetz. Es war von anbeginn ungenügend gewesen, und des großen Kanzlers Versuche, es wirkungsvoller auszugestalten, wurde von der Mehrheit des Reichstages zurückgewiesen. Vor allem war die Handhabung des Gesetzes schwächlich und lässig. So konnte die Sozialdemokratie auch schon während der Gültigkeitsdauer des Sozialistengesetzes, nachdem sie sich von dem ersten Schreck erholt hatte, ihr Haupt wieder kühn erheben und, wenn auch mehr unter der Hand und im Verborgenen, ihre Organisation und Agitation betreiben. Ihre großen Erfolge wurden sichtbar in den zahlreichen Störungen der Arbeit durch mutwillig angestiftete Ausstände und ziffernmäßig in der Zunahme der von ihnen bei den Wahlen abgegebenen Stimmen.

Wohl zumeist durch das Eingreifen des jungen Kaisers veranlaßt, wurde dem Reichstag im Jahre 1890 der Entwurf eines umfangreichen Gesetzes, betreffend die Abänderung der Gewerbeordnung, unterbreitet.*) Es handelte sich hauptsächlich um den Schutz der Arbeiter. Die Sonntagsruhe, die Beschäftigung erwachsener Arbeiterinnen und von Kindern, Schutz der Arbeiter gegen Gefahren für Leben, Gesundheit und Sittlichkeit, Regelung des Erlasses von Arbeitsordnungen und Erweiterung des Kreises derjenigen Betriebe, auf welche die zur Regelung der Frauen- und Kinderarbeit erlassenen Bestimmungen anwendbar waren, bildeten den hauptsächlichsten Inhalt der bedeutungsvollen Vorlage. Diese

*) S. Stenographische Berichte zc. des Reichstags. 8. Legislaturperiode, I. Session 1890/91, I. Anlageband S. 1 ff.

war von der Regierung benutzt worden, um den auch von ihr als durchaus unzulänglich erkannten § 153 wirkungsvoller zu gestalten. Er sollte folgende Fassung erhalten:

„Wer es unternimmt, durch Anwendung körperlichen Zwanges, durch Drohungen, durch Ehrverletzungen oder durch Verrufserklärung

1. Arbeiter oder Arbeitgeber zur Teilnahme an Verabredungen der im § 152 bezeichneten Art zu bestimmen oder am Rücktritt von solchen Verabredungen zu hindern,
2. Arbeiter zur Einstellung der Arbeit zu bestimmen oder an der Fortsetzung oder Annahme der Arbeit zu hindern,
3. Arbeitgeber zur Entlassung von Arbeitern zu bestimmen oder an der Annahme von Arbeitern zu hindern,

wird mit Gefängnis nicht unter einem Monat bestraft. Ist die Handlung gewohnheitsmäßig begangen, so tritt Gefängnis nicht unter einem Jahre ein."

„Die gleichen Strafvorschriften finden auf denjenigen Anwendung, welcher Arbeiter zur widerrechtlichen Einstellung der Arbeit oder Arbeitgeber zur widerrechtlichen Entlassung von Arbeitern öffentlich auffordert."

Begründet war diese Aenderung des § 153 zunächst mit dem Hinweis auf den bei Arbeitseinstellungen in den meisten Fällen verübten Kontraktbruch und die dabei vorgekommenen vielfachen Bedrohungen der in der Beschäftigung verbliebenen Arbeiter durch die Feiernden.

Dabei habe sich, so hieß es in der Begründung weiter, der § 153 in seiner bisherigen Fassung in sofern als ungenügend gezeigt, als die angedrohte Strafe zu gering sei, und als die durch die bezeichneten Mittel bewirkte oder versuchte Abhaltung von der Fortsetzung der Arbeit nur dann mit Strafe bedroht sei, wenn sie erfolge, um andere Arbeiter zu nötigen, an Verabredungen zur Einstellung der Arbeit teilzunehmen oder ihnen Folge zu leisten. Da der Versuch, andere Arbeiter zur Einstellung der Arbeit zu nötigen, nicht selten vorkomme, ohne daß Verabredungen stattgefunden haben oder nachgewiesen werden können, so werde die Strafe auch unabhängig von einer Verabredung vorgesehen werden müssen. Das in der neuen Fassung vorgesehene Strafmaß rechtfertige sich durch die Schwere des Vergehens und die Absicht, dem neuerdings hervorgetretenen Umsichgreifen desselben mit Nachdruck entgegenzutreten. Zu dem Ende sollten namentlich solche Personen, die sich oft in agitatorischer Weise ein Geschäft daraus machen, die fraglichen Handlungen zu begehen, einer schärferen Strafbestimmung unterworfen werden.

Wenn auch der Bruch des Arbeitsvertrags mit Strafe nicht bedroht werden solle, so erscheine es mit Rücksicht darauf, daß durch die seitens der Arbeiter in großer Zahl unter Bruch des Arbeitsvertrages zur Ausführung gebrachten Arbeitseinstellungen die öffentlichen Interessen vielfach schwer geschädigt würden, und daß dadurch auch das Verhältnis zwischen Arbeitgebern und Arbeitern eine allgemeine Verbitterung erfahren müsse, gerechtfertigt, die öffentliche Aufforderung zu einem solchen Verfahren unter Strafe zu stellen. Durch die Auslegung, die der § 110 des Strafgesetzbuches durch neuere Erkenntnisse des Reichsgerichts erhalten habe, sei eine solche Aufforderung nur dann strafbar, wenn sie auf Herbeiführung einer bewußten Auflehnung gegen das Gesetz gerichtet sei, nicht aber, wenn sie nur die Herbeiführung der dem Gesetz widersprechenden Handlung bezwecke. Bei dieser Auslegung, welche die Strafbarkeit von der in den seltensten Fällen möglichen Feststellung der Absicht des Auffordernden abhängig mache, genüge der § 110 des St. G. B. dem praktischen Bedürfnisse nicht. Diesem solle demnach durch Ergänzung des § 153 der G. O. genügt werden.

Bei den Verhandlungen im Reichstag trat in der zweiten Beratung des Gesetzentwurfes der Minister für Handel und Gewerbe Freiherr von Berlepsch nachdrücklich und warm für die Annahme der neuen Fassung des § 153 ein. Mit Bezug auf die Notwendigkeit, den Arbeitswilligen wirksamen Schutz zu gewähren, sagte der Minister:*)

„Nun, meine Herren, fragt es sich, ob in der Tat Gründe vorgelegen haben, um eine Verschärfung der bestehenden Strafbestimmungen in die Vorlage aufzunehmen. Die Verbündeten Re-

*) Stenogr. Bericht des Reichstags. VIII. Leg.-Per. I. Sess. 1890/91, Band IV, S. 2477.

gierungen sind nicht zweifelhaft darüber, daß namentlich im Laufe der letzten beiden Jahre die Fälle, in denen Zwang gegen arbeitswillige Arbeiter durch ihre ausständigen Genossen ausgeübt worden ist, sich in erheblichstem Maße vermehrt haben. Das trat zuerst bei dem großen Bergarbeiterausstand im Jahre 1889 in die Erscheinung. Nicht nur zahlreiche gerichtliche Bestrafungen, sondern auch das Zeugnis der Behörden tritt dafür ein — der Behörden, die in völlig unparteiischer Weise aus nächster Nähe in der Lage waren, die Verhältnisse zu beobachten, die häufig ihre Vermittelung auch zu Gunsten der Arbeiter haben eintreten lassen. Nach dem Bergarbeiterausstand hat diese Erscheinung sich vielfach wiederholt. Aus ganz Deutschland liegen Berichte von allen beteiligten Behörden vor, die zweifellos feststellen, daß der Zwang zum Streik, zur Koalition, in unerhörtem Maße zugenommen hat. Der Fall, daß Arbeiter auf der Arbeitsstätte, auf dem Gange von und zur Arbeit tätlich angegriffen wurden, ist ein ungemein häufiger; die Belästigungen und Drohungen verfolgen die Arbeiter bis in die Wohnungen hinein, sie richten sich gegen Frau und Kind. Der Fall ist häufig, daß Arbeiter genötigt sind, um zu ihrer Arbeit zu gelangen, Sonntagskleider anzulegen, daß sie durch die Hintertür der Fabriken gehen müssen, um sich der Ueberwachung ihrer streikenden Genossen und den sich daran knüpfenden Folgen zu entziehen. Dieser anarchistische Zustand, indem der freie Wille des Arbeiters, sich die Arbeit unter den ihm richtig und annehmbar erscheinenden Bedingungen zu suchen, von den ausständigen Genossen vollständig unterdrückt wird, entspricht, nach der Auffassung der Verbündeten Regierungen, nicht unserer staatlichen und unserer rechtlichen Ordnung; und um ihm ein Ende zu machen, haben sie es für erforderlich gehalten, die Strafbestimmung des § 153 in das Gesetz aufzunehmen."

„Nun hat der Herr Abgeordnete Bebel bereits in der Kommission ausgesprochen, daß, wenn man mit derartigen drakonischen Bestimmungen z. B. in England aufträte, ein Schrei der Entrüstung durch das ganze Land gehen würde; und der Herr Abgeordnete Liebknecht hat auch heute seinerseits wiederholt auf die Verhältnisse der englischen Gesetzgebung hingewiesen, die in schreiendem Widerspruch ständen zu dem, was hier Ihnen vorgeschlagen wird. Ich habe mir erlaubt, bereits in der Kommission auf die Bestimmung der englischen Verschwörungsakte hinzuweisen, und ich nehme an, daß es für das hohe Haus von Interesse ist, den Wortlaut dieser Bestimmung kennen zu lernen. Sie lautet folgendermaßen:

„Wer in der Absicht, eine andere Person zur Begehung oder Unterlassung einer Handlung zu nötigen, welche die fragliche Person zu begehen oder zu unterlassen ein gesetzliches Recht hat, unrechtmäßigerweise und ohne dazu gesetzlich ermächtigt zu sein:

1. einer solchen Person, deren Ehefrau oder Kindern gegenüber Gewalt braucht oder sie einschüchtert oder deren Vermögen beschädigt; oder
2. unablässig solcher anderen Person von Ort zu Ort folgt; oder
3. Werkzeuge, Kleidungsstücke, die jener anderen Person gehören, oder von derselben gebraucht werden, verbirgt, oder sie außer Besitz derselben setzt (deprive) oder an dem Gebrauch hindert; oder
4. das Haus oder sonstige Oertlichkeiten, woselbst eine solche Person wohnt oder arbeitet oder Geschäfte betreibt oder zufälligerweise sich aufhält, oder die Zugänge zu derartigen Häusern oder Oertlichkeiten bewacht oder besetzt hält; oder
5. solcher Person mit zwei oder mehreren anderen Personen auf ungehörige Weise in oder durch Straßen oder auf Wegen folgt

soll . . . . entweder einer Geldbuße von nicht mehr als 20 £ oder einer Gefängnisstrafe für die Dauer von nicht mehr als 3 Monaten mit oder ohne Zwangsarbeit unterliegen."

„Meine Herren, ich bemerke, daß die Strafe in keinem Falle weniger als ein Viertel der hier angedrohten Strafe betragen kann. Auf Grund dieser Bestimmung ist noch vor wenigen Tagen einer der Führer eines großen englischen Gewerkvereins wegen aufreizender Reden zu mehrwöchentlicher Gefängnisstrafe verurteilt worden. Ich glaube also, der Vergleich zwischen dem, was in England Gesetz ist, und dem, was die Vorlage als Gesetz einführen will, fällt nicht derart aus, daß man behaupten kann, die Bestimmungen der deutschen Gesetzgebung seien drakonisch gegenüber denen des englischen Rechts. Man ist eben in England der Meinung, daß nur durch scharfe Strafbestimmungen den Uebelständen, die man kannte, beizukommen sei, und dieser selben Meinung sind auch die Verbündeten Regierungen."

„Wie man nun behaupten will, daß durch die Bestimmungen der Vorlage die Koalitionsfreiheit der Arbeiter beseitigt werde, das ist mir in der Tat unerfindlich. Ist denn durch die Bestimmungen der englischen Gesetzgebung die Koalitionsfreiheit der englischen Arbeiter beseitigt worden? Die Geschichte der Streiks der letzten Zeit schlägt dieser Behauptung auf das allerentschiedenste ins Gesicht. Nein, meine Herren, die rechtmäßige Ausübung der Koalitionsfreiheit wird durch dieses Gesetz in keiner Weise berührt; das Gesetz richtet sich nicht gegen die Arbeiter, nicht gegen ihre Befugnis, zur Erlangung von günstigeren Arbeitsbedingungen sich zu verbinden, nicht gegen den Ausstand an sich, sondern lediglich gegen diejenigen, die durch Zwang die Teilnahme derjenigen ihrer Arbeitsgenossen bewirken wollen, welche einem Streik abgeneigt sind."

„Es hat die Absicht, die, wie ich schon vorhin erwähnte, Herr Lasker in der Sitzung des Reichtags von 1869 bereits aussprach, zu verhüten, daß das Vereinigungsrecht nicht zu einem Vereinigungszwange ausarte. Ich wiederhole, das Koalitionsrecht der Arbeiter wird durch die hier vorliegende Bestimmung nicht beseitigt, und es soll auch nicht beseitigt werden. Denn auch die Verbündeten Regierungen sind der Meinung, daß in dem Koalitionsrecht den Arbeitern eine Waffe gegeben ist, die sie nicht entbehren können, und die tatsächlich in sehr vielen Fällen dazu geführt hat, an sich berechtigte Forderungen durchzusetzen. Auch in den Fällen, wo Zweifel darüber vorliegen können, ob die Forderungen als berechtigt anzusehen, ob sie klug, ob sie durchführbar sind, — auch in diesen Fällen darf und soll dem Arbeiter das Recht der Koalition nicht genommen werden, und es wird ihm nicht genommen. Wenn die Arbeiter unter Ausnutzung einer günstigen Konjunktur zu Streiks schreiten, wenn sie es versuchen, diese günstige Konjunktur dazu zu benutzen, um einen vielleicht an sich genügenden Lohn zu erhöhen, so tun sie etwas, was sie zu tun durchaus berechtigt sind; sie tun nichts anderes, als was die Gewerbetreibenden in unserem Vaterlande täglich tun, der Landwirt, der Kaufmann, der Industrielle, wenn er eine günstige Konjunktur dazu ausnutzt, um einem alten Kunden gegenüber die Preise zu erhöhen. Das steht ganz auf demselben Boden, und das soll in keiner Weise der Arbeiterwelt verschränkt werden. Aber das will das Gesetz nicht zugeben, daß derartige Forderungen mit ungesetzlichen Mitteln durchgesetzt werden, daß durch Zwang gegen ihre Genossen die Arbeiter versuchen, das Gewicht ihrer Forderungen zu erhöhen. Mit gleicher Strafe, wie diesen Zwang, will die Vorlage auch die öffentliche Aufforderung zum Kontraktbruch und die öffentliche Aufforderung zur widerrechtlichen Entlassung von Arbeitern treffen, wie das im letzten Absatz des § 153 ausgesprochen ist."

„Meine Herren, es ist ausgeführt worden, daß eine derartige Bestimmung zu nichts führen würde. Man würde nur dazu gelangen, die Agitation aus der Oeffentlichkeit in die Heimlichkeit zu treiben. Die verbündeten Regierungen halten das nicht für richtig; denn schon heute finden diese Aufforderungen zum Kontraktbruch vorwiegend nicht in der Oeffentlichkeit statt. Die verbündeten Regierungen können es aber nicht für zulässig halten, daß die Aufforderung zu unerlaubten Handlungen sich auf der Straße breit macht und erregend und in einer das öffentliche Rechtsbewußtsein verwirrenden Weise in die Oeffentlichkeit tritt. Aus diesen Gründen haben sie es für erforderlich gehalten, die Bestimmungen des § 153 in die Vorlage aufzunehmen, und sie richten die Bitte an das hohe Haus, den Antrag der sozialdemokratischen Partei abzulehnen, und die Regierungsvorlage anzunehmen."

Nach langen Erörterungen, die fast zwei Sitzungen, am Dienstag den 21. und Donnerstag, den 23. April, in Anspruch genommen hatten, wurde der § 153 abgelehnt, und zwar der erste Absatz in namentlicher Abstimmung*) mit 142 gegen 78 Stimmen.

*) Ebendaselbst S. 2539.

In der dritten Beratung hielt es keines der auf dem Standpunkte der Regierung stehenden Reichstagsmitglieder für angebracht, auf den bei der zweiten Beratung abgelehnten § 153 zurückzukommen. Diese für die Entwickelung des wirtschaftlichen Lebens und die Sicherung der nationalen Arbeit so hoch bedeutungsvolle Frage wäre gänzlich mit Stillschweigen übergangen worden, wenn nicht der Handelsminister es für notwendig erachtet hätte, gelegentlich der Erörterung des § 134b der Vorlage die Stellung der Regierung zum § 153 nochmals nachdrücklich festzustellen. Der Minister sagte*): „Meine Herren, ich muß hier die Gelegenheit benutzen, um einige kurze Bemerkungen zu machen, die an und für sich vielleicht an eine andere Stelle gehörten, aber doch in einigem Zusammenhange mit § 134b stehen. Die verbündeten Regierungen gehen von der Ueberzeugung aus, daß es unerläßlich notwendig sei, die Bestimmungen, die zur Aufrechterhaltung der Disziplin in den Fabriken unerläßlich notwendig sind, auf ein Maß zu bringen, daß sie wirklich wirksam sind. Diese Ueberzeugung ist noch stärker geworden, nachdem der Reichstag dazu übergegangen ist, den § 153 der Vorlage abzulehnen. Ich will Sie in dem augenblicklichen Stadium unserer Beratungen nicht mit ausführlichen Darlegungen aufhalten, mit Darlegungen, die den Standpunkt der verbündeten Regierungen bezüglich des § 153 begründen sollen; ich habe hier nur die Verpflichtung, nochmals namens der verbündeten Regierungen zu erklären, daß sie den Erlaß von Strafbestimmungen gegen einen Zwang zur Einstellung der Arbeit und gegen die öffentliche Aufreizung zum Kontraktbruch für unerläßlich notwendig halten, und daß sie in diesem Standpunkt bestärkt worden sind durch die Erscheinungen der neuesten Streikbewegungen in dem westfälischen Bergreviere."

„Auch diesmal haben sämtliche am Ausstande beteiligte Arbeiter ohne Ausnahme den Ausstand ohne Einhaltung der Kündigungsfrist begonnen, während auch nicht der mindeste Grund dafür vorlag, die Kündigungsfrist nicht zu wahren. Auch hier wieder ist ein Zwang gegen Arbeiter ausgeübt worden, die sich

*) Ebendaselbst S. 2788.

nicht am Ausstande beteiligen wollten, und auch hier wieder haben öffentliche Aufforderungen zur Arbeitseinstellung ohne Einhaltung der Kündigungsfrist stattgefunden."

„Unter diesen Umständen lag den verbündeten Regierungen die Erwägung nahe, ob das Gesetz, das unserer Beratung unterliegt, für sie überhaupt noch annehmbar wäre, nachdem der § 153 vom Reichstage abgelehnt ist. Die Aufforderung, diesen Standpunkt einzunehmen, das Gesetz für unannehmbar zu erklären, ist von verschiedenen Seiten an die verbündeten Regierungen gelangt, in der Presse, wie in Petitionen, auch, wie die Herren gehört haben, in zweiter Lesung aus der Mitte des Hauses heraus. Wenn die verbündeten Regierungen dieser Aufforderung nicht Folge leisten, nicht die Erklärung abgegeben, daß das Gesetz für sie durch Ablehnung des § 153 unannehmbar wird, so geschieht das in der Erwägung, daß man gesetzliche Bestimmungen, die man an und für sich für unerläßlich notwendig hält, nicht deshalb fallen lassen darf, weil andere gesetzliche Bestimmungen, die man ebenso für notwendig hält, im gegenwärtigen Augenblick nicht zu erreichen sind. Nach der Meinung der verbündeten Regierungen wäre es nicht billig und nicht gerecht, wenn man die Wohltaten dieses Gesetzes dem großen Teil unserer Arbeiterschaft vorenthalten wollte, die sich Verstöße gegen den § 153 nicht zu Schulden kommen läßt, weil ein anderer großer Teil der Arbeiterschaft, wie das zu unserem Bedauern konstatiert werden muß, derartige Verstöße immer und immer wieder begeht, und wirksame Bestimmungen gegen diese vom Reichstage nicht zu erreichen sind."

„Die verbündeten Regierungen erklären, daß sie nach wie vor an der Ueberzeugung festhalten, daß Strafbestimmungen gegen den Zwang zur Arbeitseinstellung, gegen die öffentliche Aufreizung zur Niederlegung der Arbeit unter Kontraktbruch unerläßlich notwendig sind, und daß, wenn der Reichstag bei dieser Gelegenheit die Vorschläge der verbündeten Regierungen in dieser Beziehung nicht annimmt, er in späteren Zeiten wieder vor dieselbe Frage gestellt werden wird. Wir sind der Ueberzeugung, daß auf die Dauer der Reichstag sich der Verpflichtung nicht wird entziehen können, zur Aufrechterhaltung der öffentlichen Ordnung und im Interesse des allgemeinen Wohls gegen die Ausschreitungen, die der § 153 treffen wollte, auch seinerseits das Notwendige zu tun."

Diese Rede des Ministers war vergebens; der § 153 blieb abgelehnt. In weiten Kreisen der Industrie aber wurden die Gründe des Ministers für die Annahme des Gesetzes auch ohne den geänderten § 153 für durchaus hinfällig erachtet. Die übrigen Teile des Gesetzes machten den Vertretern eines weit ausgedehnten Schutzes der Arbeiter so zahlreiche und so weitgehende Zugeständnisse, daß sie sicher auch den § 153 in den Kauf genommen haben würden, wenn dessen Ablehnung das Zustandekommen des Gesetzes sicher gefährdet hätte. Das war wenigstens die in weiten Kreisen verbreitete Ansicht. Der Regierung wurde daher, wohl nicht mit Unrecht, eine nicht genügende Festigkeit in dieser Frage zum Vorwurf gemacht.

Immerhin war vom Regierungstische aus in autoritativer Weise festgestellt die Unhaltbarkeit des bestehenden Zustandes und die bestimmte Absicht der verbündeten Regierungen, den Reichstag in späteren Zeiten wieder vor dieselbe Frage zu stellen.

Die Haltung der Mehrheit des Reichstages in allen diesen Fragen ist unschwer zu erklären. Unverkennbar war die außerordentliche politische Macht, die durch die Erteilung des allgemeinen gleichen und geheimen Wahlrechts in die Hände der Arbeiter gelegt worden war, mehr und mehr zum Bewußtsein des übrigen Teiles des Volkes gelangt. Dieses Bewußtsein mußte zu einem Werben um die Gunst der Arbeiter seitens aller derjenigen Kreise und Parteien führen, die nach einer maßgebenden Stellung im politischen Leben strebten und einen bestimmenden Einfluß auf die Arbeiter, wie ihn die meisten konservativen Kreise noch besitzen, verloren hatten. Denn den weitaus größten Teil der Stimmen haben die Arbeiter zu vergeben, und derjenige hat Aussicht auf dem Gebiete der inneren Politik die meiste Macht auszuüben, der über die größte Zahl von Stimmen verfügen kann.

In diesem Streben um die Gunst der Arbeiter haben diejenigen selbstredend einen großen Vorsprung, die, unbeirrt durch Skrupel des Gewissens, durch die Gesetze des Anstandes und der Wahrhaftigkeit, rücksichtslos die Unzufriedenheit und Begehrlichkeit der Massen schüren und auf sie spekulieren. In dieser Art des Werbens können die bürgerlichen Parteien mit den Sozialdemokraten nicht in Wettbewerb treten. Es hat sich auch erwiesen, daß die Arbeiter in sprunghaft zunehmenden Zahlen und schließlich in erschreckendem Umfange dem Einflusse der Sozialdemokratie unterlegen sind, und daß alles Liebeswerben der bürgerlichen Parteien fruchtlos ist. Dennoch ist dieses Werben maßgebend für die Haltung der Liberalen und des Centrums in allen die Arbeiter betreffenden Fragen. Kein Einwand würde dagegen zu erheben sein, wenn dieses Werben nur da stattfände, wo es sich um die vollberechtigte Förderung der allgemeinen Wohlfahrt der unteren Klassen handelte; aber es betätigt sich unterschiedlos auch bei Maßnahmen, die geeignet sind das Gemeinwohl zu schädigen und den Arbeitern, das heißt heute der Sozialdemokratie, eine Macht und einen Einfluß im wirtschaftlichen und sozialen Leben einzuräumen, die mit den allgemeinen Interessen des Staates und der bestehenden Wirtschafts- und Gesellschaftsordnung unvereinbar sind.

Diese Haltung der bezeichneten bürgerlichen Parteien betätigte sich verhängnisvoll, als die verbündeten Regierungen das von ihrem Vertreter am 6. Mai 1891 gegebene Wort einlösend, vom Reichstag abermals die Ergänzung der so überaus unzulänglichen Bestimmungen des § 153 der G. O. verlangten.

Neun Jahre hatte die Regierung sich Zeit gelassen, um die Entwicklung der betreffenden Verhältnisse zu beobachten und Erfahrungen zu sammeln. Die Ergebnisse legte sie in der Begründung des Entwurfes eines Gesetzes zum Schutze des gewerblichen Arbeitsverhältnisses*) nieder, der dem Reichstag im Jahre 1899 unterbreitet wurde. In dieser Begründung hieß es, nach einem Hinweis auf den im Jahre 1890 gemachten vergeblichen Versuch, den § 153 der G. O. zu ändern:**)

---

*) S. Stenographische Berichte 2c. des Reichstags, 10. Legislaturperiode I. Session 1899/1900. III. Anlageband S. 2238 ff.

**) S. ebenda S. 2239.

„Inzwischen hat sich die Unzulänglichkeit der bestehenden Vorschriften immer fühlbarer herausgestellt. Die fortgesetzten Ausschreitungen bei gewerblichen Lohn- und Arbeitskämpfen, die dabei in bedenklichem Umfange vorkommende Anwendung von Gewalt und Zwang machen es zu einer unabweisbaren Pflicht der Gesetzgebung, die Freiheit des Arbeitsvertrags und das Selbstbestimmungsrecht der daran Beteiligten gegen Terrorismus wirksamer als bisher zu schützen und im Interesse der Aufrechterhaltung der Rechtsordnung und des öffentlichen Friedens das Uebel mit ausreichenden Mitteln einzudämmen."

„Die durch den § 152 der G. O. reichsgesetzlich gewährleistete Koalitionsfreiheit soll den Gewerbetreibenden und den gewerblichen Arbeitern ungeschmälert erhalten bleiben. Wie ihnen die freie Entschließung darüber zusteht, unter welchen Bedingungen sie Arbeit geben oder nehmen wollen, so sollen sie auch durch vorliegenden Gesetzentwurf nicht daran gehindert werden, sich zur Einwirkung auf die Gestaltung der Arbeitsbedingungen zu Vereinigungen zusammenschließen und nach gemeinschaftlicher Verabredung Arbeitskräfte zu beschäftigen oder nicht zu beschäftigen, ihre Arbeitskraft anderen zur Verfügung zu stellen oder vorzuenthalten. Auch soll ihnen unverwehrt bleiben, zum Zweck gemeinschaftlichen Vorgehens für Arbeiterausstände oder Aussperrungen in engeren oder weiteren Kreisen, in privater oder öffentlicher Form, durch Belehrung oder Ueberredung Anhänger zu werben. In dieses wirtschaftliche Ringen gewerblicher Arbeitgeber oder Arbeitnehmer um Arbeitsbedingungen, wie sie ihnen erwünscht oder doch annehmbar erscheinen, wird die öffentliche Gewalt, solange hierbei der Rechtsboden nicht verlassen und das Gemeinwohl nicht gefährdet wird, nicht eingreifen dürfen. Unmöglich aber kann in einem geordneten Staatswesen gestattet werden, daß sich die Kämpfenden, um den Gegner zur Nachgiebigkeit zu nötigen oder den Berufsgenossen zur Heeresfolge zu zwingen, jedes beliebigen, auch des an sich verwerflichsten Kampfmittels bedienen. Verwerflich sind aber alle Mittel, welche darauf berechnet sind, die Willensfreiheit anderer zu beeinträchtigen. Werden solche Mittel angewendet, so ist dringende Veranlassung gegeben, diesem Mißbrauche mit allem Nachdruck entgegenzutreten."

„Bei den Arbeitskämpfen der letzten Jahre ist nun, wie die in sämtlichen Bundesstaaten vorgenommenen Ermittelungen ergeben haben, in steigendem Umfange zur Anwendung physischen oder psychischen Zwanges gegriffen worden."

Es folgen nun statistische Angaben über die Zahl der in den Jahren 1892—1897 auf Grund des § 153 der G. O. verurteilten Personen.

Dabei wurde in der Begründung weiter ausgeführt, daß die aus Anlaß von Streikausschreitungen, auf Grund des Strafgesetzbuchs, erfolgten zahlreichen Bestrafungen wegen Verbrechen oder Vergehen gegen die Person, wie Beleidigungen, Körperverletzungen, Nötigungen und Bedrohungen, sich aus der Gesamtheit der wegen dieser Delikte überhaupt erfolgten Verurteilungen nicht ausscheiden lassen. Es hätten aber die Bestrafungen wegen der bezeichneten Delikte erheblich stärker zugenommen, als es der Zunahme der strafmündigen Zivilbevölkerung entspreche. In dieser Beziehung komme der ziffermäßige Beweis zu dem Ergebnis, daß in den fünf Jahren von 1892 bis 1896 die Verurteilungen wegen der vorbezeichneten Delikte um 24,4 pCt. zugenommen hätten, während die Zunahme der Bevölkerung in der betreffenden Volkszählungsperiode nur 5,6 pCt. betragen habe.

In der Begründung hieß es dann wörtlich weiter:

„In den größeren Städten und in Gegenden mit zahlreicher Industriebevölkerung wird die Einleitung und Durchführung von Arbeiterausständen durch einzelne gewalttätige Personen vielfach in einer Weise beeinflußt, daß Ausschreitungen dabei zu einer regelmäßig wiederkehrenden Erscheinung geworden sind. In zahlreichen Fällen ist es unternommen worden, diejenigen, die zum Weiterarbeiten bereit waren, durch Belästigungen und Drangsalierungen der verschiedensten Art, durch Beschimpfungen, Bedrohungen, Mißhandlungen und schwerste Körperverletzungen, durch Steinwürfe, durch Ueberfälle von Banden, die mit Knütteln, Messern oder Revolvern bewaffnet waren, und durch ähnliche Gewalttaten zur Teilnahme an einem Ausstande zu nötigen."

„Um den Zuzug von Ersatzarbeitern für die Ausständigen zu hindern, wird eine planmäßige Ueberwachung der Arbeitsplätze, der Zugänge zu denselben, der Straßen, öffentlichen Plätze und Bahnhöfe durch regelmäßig abgelöste Streikposten eingerichtet, und werden die eintreffenden Arbeitswilligen durch Belästigungen aller Art, durch Verhöhnung, Beschimpfung, Bedrohung oder Mißhandlung von der Aufnahme der Arbeit abgehalten. Bis in ihre Wohnungen sind diejenigen, die sich an einem Ausstande nicht beteiligen wollten, verfolgt worden; unter Begehung von Hausfriedensbruch sind Aufpasser und sogenannte Streikkontrolleure in das Innere der Arbeiterwohnungen eingedrungen, um Arbeitsmaterial zu beschädigen oder bei Seite zu bringen oder sonstige Einschüchterungen zu üben."

„Häufig ist es nötig gewesen, zur Vermehrung der Polizeimannschaften und zum Aufgebote starker Polizeimacht an den gefährdeten Stellen zu schreiten, um Arbeitswillige gegen Vergewaltigungen zu schützen, ohne daß dies immer gelungen wäre. Mehrfach kam es vor, daß die Arbeiter, welche in einem von Ausständigen gesperrten Betriebe die Arbeit aufzunehmen oder fortzusetzen entschlossen waren, nur in geschlossenen größeren Trupps wagen durften, den Weg zu und von der Arbeitsstätte zurückzulegen, oder daß sie unter starker polizeilicher Bedeckung zur Arbeitsstätte geführt werden mußten, daß sie sich aus Furcht vor den Nachstellungen der Ausständigen und Aufpasser mit Revolvern bewaffneten, und daß dann aus einem Zusammenstoße mit den Ausständigen sich förmliche Gefechte entwickelten, wobei schwere Körperverletzungen, Totschlag und Landfriedensbruch begangen wurden."

„Verschiedentlich haben Arbeiter ihren Arbeitgebern oder den Behörden gegenüber ihre Bereitwilligkeit zur Arbeit betont, aber erklärt, daß sie aus Furcht vor der Feindseligkeit ihrer ausständigen Genossen, welche ihre und ihrer Familie Sicherheit bedrohe, die Arbeit zu unterlassen gezwungen seien. Namentlich sind ältere und verheiratete Arbeiter durch die Furcht vor Gewalttätigkeiten jüngerer, wirtschaftlich alleinstehender Mitarbeiter nicht selten bestimmt worden, ihre Absicht, dem Arbeitsverdienste nachzugehen und so ihre Familienmitglieder vor Not zu schützen, unausgeführt zu lassen."

„Als wichtiges Einschüchterungsmittel dient häufig die mehr oder minder deutlich ausgesprochene Drohung mit Verfolgungen, die nach Beendigung eines Streiks diejenigen treffen würden, welche sich daran nicht beteiligten. In öffentlichen Versammlungen ist denen, die sich einer Arbeiterorganisation nicht anschließen, einem Streike fern bleiben oder nicht bis zu Ende ausharren würden, mit Vertreibung aus ihrer Arbeitsstelle gedroht, und nach Beendigung des Ausstandes sind solche Drohungen durch rücksichtsloseste Verfolgungen wahr gemacht worden. Wiederholt sind Arbeiter, die sich den terroristischen Anordnungen der Streikführer nicht gefügt hatten, mit Belästigungen aller Art von Fabrik zu Fabrik verfolgt und auf diese Weise brotlos gemacht worden. Solche Rachehandlungen werden selbstverständlich in weiteren Kreisen bekannt und sind dann nur zu sehr geeignet, in künftigen Fällen die Besorgnis vor Wiederholungen zu begründen und dadurch einschüchternd zu wirken; ganz abgesehen davon, daß sie diejenigen Personen, die an dem unruhigen und oft den Gesetzen widersprechenden Treiben Ausständiger sich nicht beteiligt haben, sondern ruhig ihrem Gewerbe nachgegangen sind, wegen dieses ihres Verhaltens mit den empfindlichsten Nachteilen bedrohen."

„Gerichtsverhandlungen haben wiederholt ein grelles Licht auf die Ausschreitungen geworfen, die unter den im Lohnkampf agitatorisch tätigen Arbeiter vorkommen, und haben die Schwere des Druckes erkennen lassen, unter dem die Arbeitswilligen stehen."

„Nicht selten haben sich die Streikführer eine förmliche Herrschaft über die Arbeiter angemaßt und letztere mit den verwerflichsten Mitteln der Gewalt oder der Einschüchterung unter die Beschlüsse einer streiklustigen, oft nur geringen Minderheit zu beugen gesucht. Hierin sind sie durch die sozialdemokratische Presse bestärkt worden, die sich nicht scheut, Arbeiter, die sich an einem Arbeitskampfe nicht beteiligen, als Verräter, als Ehrlose zu brandmarken. Dabei wird kein Unterschied gemacht, ob es sich um einen Ausstand handelt, dem eine gewisse sachliche Berechtigung zu Grunde liegt, und der Aussichten des Gelingens bietet, oder um einen von vornherein aussichtslosen Streik, der der Arbeiterschaft von Agitatoren aufgedrängt wird."

„Auf diese Weise droht das Koalitionsrecht zu einem Koalitionszwang auszuarten, und es mehren sich die Anzeichen, daß man an den leitenden Stellen der Agitation im Begriff ist, unter Koalitionsrecht die Befugnis zu verstehen, alles tun zu dürfen, was im Einzelfalle geeignet ist, der Koalition die von ihren Förderern gewünschte Wirksamkeit zu verschaffen. Es liegt auf der Hand, daß einer solchen, mit einem geordneten Staatswesen unvereinbaren Verwirrung der Rechtsbegriffe hinaus laufenden Auffassung entgegengetreten werden muß. Dem Rechte des einen, durch Koalition bessere Arbeitsbedingungen zu erkämpfen, steht gegenüber das Recht des anderen auf freie Entschließung, ob er jenen Bestrebungen folgen will oder nicht. Mag auch für die Anstifter und Führer möglichst große Beteiligung an ihren Bestrebungen erwünscht und vorteilhaft sein, so kann hieraus doch nicht das Recht auf Zwangsmittel hergeleitet werden, die den Zweck verfolgen, Unlustige und Widerwillige zum Anschluß an die Bewegung zu bestimmen, und zwar auch dann nicht, wenn die Täter in der ehrlichen Ueberzeugung handeln, daß ihr Vorgehen auch den noch Widerstrebenden nützlich sei. Das Recht der freien Selbstbestimmung gibt jedem die Befugnis, über dasjenige, was er unter seinen besonderen Verhältnissen für sich nützlich hält, auch selbst zu entscheiden und danach sein Verhalten einzurichten. Personen, die für einen Arbeitslohn, den sie für auskömmlich halten, oder unter Bedingungen, die ihnen zusagen, arbeiten wollen, haben nicht nötig, ihren Standpunkt um deswilleu aufzugeben, weil andere der Meinung sind, daß Lohn und Arbeitsbedingungen nicht annehmbar seien. Ganz besonders bedenklich erscheint ein Zwang gegen Arbeitswillige dann, wenn es sich nicht um Lohnfragen, sondern um Machtfragen handelt, wenn ein Teil der Arbeiter dem gemeinsamen Arbeitgeber Bedingungen über die Einrichtung des Betriebs oder über ähnliche Dinge vorschreiben will, nur um demselben die Macht der Führer oder einer hinter diesen stehenden, oft nur einen kleinen Teil der Arbeiterschaft umfassenden Organisation zu zeigen. In solchen Fällen handelt es sich zumeist nicht um Veränderungen, die der gesamten Arbeiterschaft eines Betriebes zu gute kommen; vielmehr hat von ihnen in der Regel nur eine Minderheit Vorteil, während von anderen Arbeitern desselben Betriebs jene Veränderungen wohl gar als eine Verschlechterung empfunden werden."

„In der geschilderten Weise hat sich mehr und mehr ein Terrorismus der Streikenden, namentlich der mit der Leitung des Streiks befaßten Personen gegenüber den Arbeitswilligen herausgebildet, der die letzteren tatsächlich vielfach der Freiheit des Willens und damit der Möglichkeit beraubt, nach eigener Entschließung ihre Arbeitskraft zu verwerten. Ein solcher Zustand muß in ihnen die Empfindung wachrufen, daß sie in dem für sich wichtigsten Rechte der freien Betätigung ihrer Arbeitskraft von der bestehenden Rechtsordnung nicht wirksam geschützt seien. Dies ist um so bedenklicher, als es sich gerade bei den Arbeitswilligen um ruhige, in die Staats- und Rechtsordnung sich schickende, für den Staat besonders nützliche Elemente handelt, welche in ihren mit den Staatsinteressen zusammenfallenden persönlichen Interessen wirksam zu schützen eine wichtige und dringliche Aufgabe der Staatsgewalt ist."

Das waren also die von der Regierung gemachten Erfahrungen und die auf deren Grundlage gewonnenen Ueberzeugungen und Entschließungen. Daß eine der ernstesten Seiten des Zwanges darin bestand, daß er nicht nur ausgeübt wurde bei Ausständen, die tatsächlich die Besserung der Arbeitsbedingungen als Endziel hatten, sondern auch bei solchen, die andere Zwecke verfolgten, bei Streiks um Machtfragen, ist in der Begründung angedeutet worden.

Derartige Ausstände wurden vielfach angestiftet, beispielsweise um den Ausschluß oder die Wiedereinstellung von Arbeitern, um die Rädelsführer oder die Vertrauensmänner vor Verfolgung bezw. Aussperrung zu bewahren, um mißliebige Vorgesetzte aus der Fabrik zu entfernen, um den Arbeitgeber zu verhindern Arbeiten im Auftrage von Fabriken auszuführen, deren Arbeiter ausständig waren, um Anerkennung der Organisation, um die Feier am 1. Mai oder, ohne irgend eine andere Ursache, lediglich um anderen Ausständigen Sympathie zu erweisen.

Solche Ausstände werden von der Sozialdemokratie wesentlich veranstaltet, gewissermaßen um Heerschau über ihre Truppen zu halten, um sie im Feuer zu exerzieren. Leider handelt es sich hierbei nicht, wie bei den ähnlichen militärischen Veranstaltungen, um Scheingefechte, sondern um bitteren Ernst, um Schlachtfelder, auf denen freilich keine Leichen, aber vernichtete Existenzen und Jammer und Not zurückbleiben.

Der in der Begründung dargelegte rechtlose Zustand, die aus ihm hervorgegangenen Mißstände waren so schreiend geworden, daß sie nicht nur die Aufmerksamkeit der Regierung gefesselt, sondern auch Gegenstand ernster Sorge des obersten Landesherrn und Kaisers geworden waren. Kaiser Wilhelm II. hatte seine weitgehende Arbeiterfreundlichkeit wohl genügend erwiesen durch seine bekannten Februarerlasse und die ihnen folgenden Maßnahmen. Gesetz und Recht wollte er aber im Deutschen Reiche nicht zuschanden werden lassen. Unberechtigter, verwerflicher Zwang sollte auf keinen seiner Untertanen, auch nicht durch Arbeiter auf ihre Genossen ausgeübt werden dürfen.

Aus einer Ansprache, die der Kaiser am 17. Juni 1897 in Bielefeld gehalten hatte, sind in dieser Beziehung die folgenden Sätze hervorzuheben:

„Schutz der nationalen Arbeit aller produktiven Stände, Kräftigung eines gesunden Mittelstandes, rücksichtslose Niederwerfung jedes Umsturzes und die schwerste Strafe dem, der sich untersteht, einem Nebenmenschen, der arbeiten will, an der freiwilligen Arbeit zu hindern."

Diese kurzen, markigen Worte enthielten ein umfassendes und bedeutungsvolles wirtschaftliches und soziales Programm, die beiden letzten Sätze eine scharfe Kriegserklärung gegen die Sozialdemokratie. Diese mußte erkennen, daß eine wirkungsvolle Durchführung des Schutzes der Arbeitswilligen ihre Herrschaft an der Wurzel treffen würde. Daher erhob die Sozialdemokratie sofort eine wüste Agitation gegen dieses Programm, die sich zur wütenden Verhetzung steigerte, als ein Jahr später von derselben hohen Stelle die Einbringung eines Gesetzentwurfs verkündet wurde, durch den der Schutz der Arbeitswilligen verwirklicht werden sollte.

Bei einer in Bad Oeynhausen abgehaltenen Galatafel hatte Kaiser Wilhelm II. am 7. September 1898 in einem Trinkspruch folgendes gesagt:

„Ich begrüße auch die Gelegenheit, von neuem der westfälischen Industrie meine vollste Teilnahme und Anerkennung aussprechen zu können. Wie alle, die industriellen Betrieben obliegen, so haben auch Sie ein wachsames Auge auf die Entwickelung unserer sozialen Verhältnisse, und ich habe Schritte getan, soweit es in meiner Macht steht, Ihnen zu helfen, um Sie vor wirtschaflich schweren Stunden zu bewahren. Der Schutz der deutschen Arbeit, der Schutz desjenigen, der arbeiten will, ist von mir im vorigen Jahre in der Stadt Bielefeld feierlich versprochen worden. Das Gesetz naht sich seiner Vollendung und wird den Volksvertretern in diesem Jahre zugehen, worin jeder, er möge sein, wie er will, und heißen, wie er will, der einen deutschen Arbeiter, der willig wäre, seine Arbeit zu vollführen, daran zu hindern versucht oder gar zu einem Streik anreizt, mit Zuchthaus bestraft werden soll. Die Strafe habe ich damals versprochen, und ich hoffe, daß das Volk in seinen Vertretern zu mir stehen wird, um unsere nationale Arbeit in dieser Weise, soweit es möglich ist, zu schützen. Recht und Gesetz müssen und sollen geschützt werden, und soweit werde ich dafür sorgen, daß sie aufrecht erhalten werden.“

Diese Kaiserlichen Worte hatten das Unerhörte zur Folge, daß, von der Macht der sozialdemokratischen Agitation fortgerissen, die Presse und die Vertretungen großer bürgerlicher Parteien Schulter an Schulter mit der Sozialdemokratie sich gegen diesen Gesetzentwurf, den noch niemand kannte, wendeten, ihn aufs tiefste verurteilten und entschieden abwiesen. Das hatte augenscheinlich zur Folge, daß, als der Gesetzentwurf endlich veröffentlicht wurde, die Agitatoren aller Art keine Veranlassung mehr hatten, sich mit dessen Inhalt pflichtgemäß zu beschäftigen; denn das Verdammungsurteil hatten sie längst gesprochen.

Die Regierung hatte beabsichtigt, den § 153 der G. O. aufzuheben, ihn durch das neue Gesetz zu ersetzen und seinen Inhalt zu erweitern.

Der Gesetzentwurf wurde von den erwähnten bürgerlichen Parteien, in voller Gemeinschaft mit der Sozialdemokratie, so schwer verurteilt und in so verhetzender Weise verrufen, weil ein dem Entwurf entsprechendes Gesetz die Koalitionsfreiheit einengen, wie viele sagten, vernichten würde, weil es ein Ausnahmegesetz schlimmster Art sein würde, und weil es durchaus unnötig sei, da die bestehenden Gesetze vollkommen ausreichten, um die hervorgetretenen Mißstände zu bekämpfen.

Die vom Kaiser bereits angekündigte, in dem Gesetzentwurf für gewisse schwerste Delikte angedrohte Zuchthausstrafe hatte die Agitatoren veranlaßt, ihm die für die Verhetzung so wirkungsvolle Bezeichnung „Zuchthausvorlage" zu geben. Auch die Redner der erwähnten bürgerlichen Parteien und deren Presse erachteten es für zulässig, sich fast ausschließlich dieser Bezeichnung zu bedienen. Es dürfte alledem gegenüber angebracht sein, sich die hauptsächlichsten Bestimmungen dieser verrufenen Vorlage hier zu vergegenwärtigen.

Der Tatbestand des § 1, der sich gegen eine mit widerrechtlichen Mitteln versuchte Nötigung zur Teilnahme oder Nichtteilnahme an Vereinigungen oder Verabredungen richtete, sollte sich erstrecken auf alle Vereinigungen und Verabredungen „behufs E i n w i r k u n g auf Arbeits- oder Lohnverhältnisse". Der § 153 hatte sich nur auf Verabredungen „zum Behufe der E r l a n g u n g günstiger Arbeits- und Lohnbedingungen" bezogen. Hierin lag eine den gemachten Erfahrungen und praktischen Bedürfnissen entsprechende Erweiterung.

Sodann war durch die Fassung des § 1 klar zum Ausdruck gebracht worden, daß nicht nur der von Arbeitgebern auf Arbeitgeber und der von Arbeitern auf Arbeiter oder von dritten ausgeübte Zwang, sondern ebenso auch die widerrechtliche Einwirkung von Arbeitnehmern auf Arbeitgeber und umgekehrt unter Strafe gestellt werden sollte. Die in dieser Beziehung unklare Fassung des § 153 der G. O. hatte zu widersprechenden Entscheidungen der Gerichte Veranlassung gegeben.

Es sollte ferner nicht nur die Nötigung zur aktiven Beteiligung, sondern in gleicher Weise auch der Zwang strafbar sein, der andere von den in Rede stehenden Vereinigungen und Verabredungen abzuhalten bezweckte. Demgemäß sollte künftig auch derjenige strafbar sein, der andere durch körperlichen Zwang, Drohung, Ehrverletzung oder Verrufserklärung an der Betätigung des Koalitionsrechts zu hindern suche. In dieser Bestimmung lag unverkennbar eine weitere Sicherung des Koalitionsrechtes, die wiederholt von berufenen Vertretern der Gewerkschaftsbewegung, so beispielsweise bei Gelegenheit der 1890/91 geführten Verhandlungen über die Novelle zur Gewerbeordnung, von dem Anwalt der Hirsch-Dunckerschen Gewerkvereine, dem Abgeordneten Dr. Hirsch, verlangt worden war.

Der § 2 enthielt zunächst eine Bestimmung, die sich auf die Arbeitgeber bezog, und eine zweite Bestimmung, welche die Arbeitnehmer betreffen sollte. Diese Bestimmungen enthalten vollkommen das gleiche für die Arbeitgeber wie für die Arbeiter. Eine dritte Bestimmung bezog sich gleichmäßig auf Arbeitgeber und Arbeiter. Diese drei Bestimmungen des § 2 sollten in denkbar höchstem Maße die Freiheit des Arbeitsvertrages in der Weise sichern, daß der Arbeitgeber in der freien Wahl und Gewinnung seiner Arbeitskräfte, der Arbeiter in der freien Verwertung seiner Arbeitskraft unter keinen Umständen behindert werde. Daher belegte der § 2 mit Strafe denjenigen, der es unternehmen sollte, durch körperlichen Zwang, Bedrohung, Ehrverletzung oder Verrufserklärung die freie Entschließung der Betreffenden in irgend einer Weise zu beeinträchtigen.

In gewissem Zusammenhange mit den §§ 1 und 2 stand der Abschnitt 3 des § 4. Er bestimmte, daß, wenn die mehrerwähnten Delikte — körperlicher Zwang, Drohung, Ehrverletzung oder Verrufserklärung — nicht verübt würden, Arbeitgeber wie Arbeiter berechtigt sein sollten, ein Arbeits- oder Dienstverhältnis abzulehnen, zu beenden oder zu kündigen, die Arbeit einzustellen, eine Arbeitseinstellung oder Aussperrung fortzusetzen oder die Vornahme einer solchen Handlung in Aussicht zu stellen.

Der § 3 hatte bei den Sozialdemokraten und bei den erwähnten bürgerlichen Parteien einen wahren Sturm der Einwendungen und Entrüstung hervorgerufen. Er lautete: „Wer es sich zum Geschäft macht, Handlungen der in den §§ 1 und 2 bezeichneten Art zu begehen, wird mit Gefängnis nicht unter drei Monaten bestraft.“

Bezüglich der Strafabmessung lag hier eine wesentliche Verschärfung vor. Es handelte sich nicht, wie bei den Vergehen gegen die Bestimmungen der §§ 1 und 2, um die Höchstgrenze, sondern um das Mindestmaß der dem Richter vorgeschriebenen Freiheitsstrafe. Die Umwandlung in Geldstrafe war in diesem Falle ausgeschlossen.

Bei der Beratung dieses Paragraphen im Reichstage am 19. Juni 1899 wurde von dem hervorragendsten Führer der Sozialdemokratie, dem Abgeordneten Bebel, entschieden in Abrede gestellt, daß Arbeitseinstellungen in leichtfertiger Weise und zu keinem anderen Zwecke als zur Förderung der Parteiinteressen veranstaltet würden. Mit großer Schärfe stellte er weiter in Abrede, daß bei Streiks auch die sozialdemokratische Parteileitung beteiligt sei. Sie dürfe nicht in Streikangelegenheiten hineingezogen werden.

Diese sophistische Unterscheidung zwischen Sozialdemokratie und der sozialdemokratischen Parteileitung vorzunehmen, war schon häufig versucht worden, wenn es galt, frevelhaft angestiftete, verunglückte Streiks abzuschütteln; auch bei dem jüngsten Ausstande in Crimmitschau ist sie wieder hervorgeholt worden. Damit ist jedoch die Tatsache nicht aus der Welt zu schaffen, daß mindestens bei allen größeren Streiks die sozialdemokratischen Agitatoren sofort in die Erscheinung treten. Gewöhnlich stellt sich dabei heraus, daß sie schon vorher, bei der Organisation des Ausstandes, tätig gewesen sind.

Die Tätigkeit dieser Agitatoren ist oft verfolgt und festgestellt worden. Sie tragen von außen her Unzufriedenheit in eine bisher ruhige und friedliche Arbeiterschaft. Sie hetzen an, gelegentlich auch zu Ausschreitungen, bei denen sie sich vorsichtig im Hintergrunde halten. Diese gewissermaßen als Streikreisende von Ort zu Ort ziehenden Leute, die nach Maßgabe ihrer Berufsstellung an den speziellen einzelnen Fällen ein unmittelbares Interesse durchaus nicht haben, die von ihrer agitatorischen Tätigkeit leben, diese also als ihr Geschäft betreiben, ein Geschäft, durch das unzählige Familien in furchtbares Unglück gestürzt werden, diese Personen sollten durch den § 3 getroffen werden. Aber das sollte nur geschehen, in Verbindung mit den §§ 1 und 2, wenn sie die Begehung der dort vorgesehenen mehrerwähnten Delikte geschäftsmäßig betrieben.

Der erste Abschnitt des § 4 stellte dem körperlichen Zwange, gemäß den §§ 1 und 2, gleich die Beschädigung oder Vorenthaltung von Arbeitsgerät, Arbeitsmaterial, Arbeitserzeugnissen oder Kleidungsstücken.

Den heftigsten Ansturm der Sozialdemokratie und lebhaften Widerspruch auch seitens der Vertreter der erwähnten bürgerlichen Parteien erregte der zweite Absatz des § 4, lautend: „Der Drohung im Sinne des § 1 bis 3 wird die planmäßige Ueberwachung von Arbeitgebern, Arbeitnehmern, Arbeitsstätten, Wegen, Straßen, Plätzen, Bahnhöfen, Wasserstraßen, Häfen oder sonstigen Verkehrsanlagen gleich geachtet."

Hier handelte es sich, mit einem Worte, um das Streikpostenstehen, dessen unheilvolle Bedeutung und häufige Ausartung in Ausschreitungen schlimmster Art hier bereits genügend hervorgehoben worden ist. Bei den Verhandlungen im Reichstage hatten sich die Sozialdemokraten anfänglich bemüht, das Streikpostenstehen als harmlos und unverfänglich, als Gelegenheit darzustellen in friedlicher Weise Nachrichten über den Ausstand einzuziehen oder zu geben. In der Hitze des Kampfes aber war die richtige Meinung über die Bedeutung des Streikpostenstehens klar hervorgetreten.

Bereits bald nach dem Erscheinen des Gesetzentwurfes am 2. Juni 1899 war im „Vorwärts" geschrieben worden: „Ohne ein Recht zu drohen den Gegnern gegenüber wäre in der Tat das Koalitionsrecht völlig wertlos."

Im Reichstage sagte der Sozialdemokrat Heine am 22. Juni: „Es ist für die Arbeiter zur Durchführung eines Streikes unbedingt nötig, daß das Recht auf Postenstehen, auf Besetzung öffentlicher Plätze, Straßen, Bahnhöfe aufrecht erhalten bleibt, denn ohne das ist kein Streik durchzuführen. Wenn man das verbietet, verbietet man jeden Streik von vornherein."

Auch ein Vertreter der bürgerlichen Parteien, der Abgeordnete Lenzmann, sagte zur Bekämpfung der Vorlage am 20. Juni: „Weiter gebe ich dem Herrn Abgeordneten Bebel dahin recht, daß ohne einen gewissen Terrorismus, ohne einen gewissen Zwang ein Streik nicht durchzuführen ist."

Diese Aeußerungen beweisen genügend, daß von den Gegnern der Vorlage die Ausübung von Nötigung und Zwang, im gegebenen Falle auch durch die Streikposten, als ein Recht der Ausständigen in Anspruch genommen wurde. Von den Gegnern, so unter anderen auch von dem Abgeordneten Bassermann, war der Inhalt der in Rede stehenden Bestimmung als ein Verbot des Streikpostenstehens dargestellt worden. Das war durchaus unrichtig. Denn nur die planmäßige Ueberwachung sollte strafbar sein, und zwar nur dann, wenn dabei die in § 1 vorgesehenen Delikte zur Ausübung gelangten.

Es ist hier bereits hervorgehoben worden, daß die Anwendung der Bestimmungen des Strafgesetzbuches in zahlreichen Fällen dadurch verhindert wird, daß die bei Ausständen vorkommenden Delikte nur auf Antrag der Betroffenen verfolgt werden können. Der § 5 des Gesetzentwurfes sollte in dieser Beziehung Abhilfe schaffen, indem er bestimmte: „Wird gegen Personen, die an einem Arbeiterausstand oder einer Arbeiteraussperrung nicht oder nicht dauernd teilnehmen oder teilgenommen haben, aus Anlaß dieser Nichtbeteiligung eine Beleidigung mittelst Tätlichkeit, eine vorsätzliche Körperverletzung oder eine vorsätzliche Sachbeschädigung begangen, so bedarf es zur Verfolgung keines

Antrages.“ Unter dem gleichen Gesichtspunkte werden in § 6 Bedrohung und Verrufserklärung unter Strafe gestellt.

Im Rückblick auf den unglücklichen Verlauf dieser gesetzgeberischen Aktion kann kein Zweifel darüber bestehen, daß die Androhung mit Zuchthausstrafe, unter sehr geschickter Benutzung seitens der Sozialdemokratie, zahlreiche Politiker derart erregt hatte, daß sie zu einer ruhigen, sachlichen und objektiven Beurteilung des Gesetzentwurfes, als er eingebracht worden war, gänzlich unfähig waren. Diese Urteilslosigkeit bemächtigte sich in noch höherem Grade der Presse und des größten maßgebenden Teiles der öffentlichen Meinung. Ein wahrer Taumel der Entrüstung hatte sich der Gemüter bemächtigt, und die lauten Proteste der erwähnten bürgerlichen Parteien wegen dieser angeblich unerhörten Vergewaltigung wurden nur noch übertönt durch das Wutgeheul der Sozialdemokratie. Und was war der Inhalt dieses Zuchthausparagraphen?

Nach dem Vorbilde der Bestimmungen des Strafgesetzbuchs über gemeingefährliche Verbrechen war die Regierung von der Annahme ausgegangen, daß es sich empfehle, die zur Herbeiführung oder Förderung eines Ausstandes oder einer Aussperrung begangenen Handlungen der in den §§ 1, 2 und 4 des Gesetzentwurfes bezeichneten Art dann härter zu bestrafen, wenn der Ausstand oder die Aussperrung, im Hinblick auf die Natur oder die Bestimmung des Betriebes, geeignet sei, die Sicherheit des Reiches oder eines Bundesstaats zu gefährden oder eine gemeine Gefahr für Menschenleben oder Eigentum herbeizuführen. Es war angenommen worden, daß die Sicherheit des Reiches oder eines Bundesstaats gefährdet werden könne beispielsweise durch Einstellung oder Störung der zur Herstellung oder Erhaltung der Schlagfertigkeit des Heeres oder der Flotte nötigen Arbeiten in militärischen Betrieben, oder durch Unterbrechung des Eisenbahnbetriebes im Falle einer Mobilmachung. Im Friedensfalle könnte durch Hemmung des Eisenbahnbetriebes eine gemeine Gefahr der bezeichneten Art herbeigeführt werden, wenn der Mangel an den zur betriebssicheren Unterhaltung der Bahnanlagen nötigen Arbeitskräften die Betriebssicherung gefährde und deshalb zu Eisenbahnunfällen Veranlassung gäbe. Auch die Störung der Bergwerksbetriebe oder der zum

Schutze von Ueberschwemmungen bestimmten Arbeiten könnte eine gemeine Gefahr für Menschenleben zur Folge haben.

Mit Rücksicht auf die Schwere und Gemeingefährlichkeit derartiger Straftaten erachtete es die Regierung für geboten, Zuchthausstrafe, jedoch nur für den Fall einzuführen, daß infolge eines Ausstandes oder einer Aussperrung eine Handlung im Sinne der §§ 1, 2 und 4 herbeigeführt oder gefördert worden sei, durch die eine Gefährdung der Sicherheit des Reiches oder eines Bundesstaats stattfinde oder eine gemeine Gefahr für Leben und Eigentum eintrete.

Beweggründe solcher Art hatten die Verbündeten Regierungen veranlaßt, in dem Absatz 2 des § 8, nachdem der Hinweis auf die §§ 1, 2 und 4 in dem ersten Abschnitt festgelegt war, folgendes zu bestimmen: „Ist infolge des Arbeiterausstandes oder der Arbeiteraussperrung eine Gefährdung der Sicherheit des Reiches oder eines Bundesstaats eingetreten oder eine gemeine Gefahr für Menschenleben oder das Eigentum herbeigeführt worden, so ist auf Zuchthaus bis zu drei Jahren, gegen die Rädelsführer auf Zuchthaus bis zu fünf Jahren zu erkennen."

„Sind in den Fällen des Abs. 2 mildernde Umstände vorhanden, so tritt Gefängnisstrafe nicht unter sechs Monaten, für die Rädelsführer nicht unter einem Jahre ein."

Das war die ungeheuerliche Ausschreitung der Gesetzgebung, durch welche die erwähnten bürgerlichen Parteien, ganz abgesehen von der Sozialdemokratie, hauptsächlich veranlaßt worden waren, dem Gesetzentwurf eine schmähliche Behandlung angedeihen zu lassen. Die fast wahnwitzig voreingenommenen und verblendeten Gemüter waren unfähig, den Hinweis auf die sonst als mustergültig angesehene Gesetzgebung Englands zu erfassen, der ihnen zeigte, daß die Conspiracy and Protection of Property Act vom 15. August 1875 für viel geringere Vergehen den englischen Richter ermächtigte, auf Gefängnis mit Zwangsarbeit, also in unserem Sinne auf Zuchthaus, zu erkennen.

Wer diesen Darlegungen, vielleicht unter Zuhilfenahme des Wortlautes und der Begründung des Gesetzentwurfes, gefolgt ist, der muß erkennen, daß in dessen Bestimmungen auch nicht im geringsten eine Einschränkung des durch den § 152 der R. G. O. verbürgten Koalitionsrechtes enthalten war. Die Behauptung, dieses Recht würde durch ein dem Entwurf entsprechendes Gesetz aufgehoben werden, war eine grobe, wie leider angenommen werden muß, vielfach gegen besseres Wissen vorgebrachte Unwahrheit.

Ebenso verhielt es sich mit der Behauptung, daß es sich hier um ein gegen die Arbeiter gerichtetes Ausnahmegesetz handele. Dieser Vorwurf besagte mit dürren Worten, daß die Regierung Handlungen, wenn sie von Arbeitern begangen würden, unter Strafe stelle, dieselben Handlungen aber straflos lasse, wenn sie von anderen Menschen begangen würden. Das war aber durchaus nicht der Fall. Bei genauem Studium der Vorlage wird anerkannt werden müssen, daß nicht der Stand der Personen, sondern daß nur der Charakter der Handlungen maßgebend sein sollte für die Bestrafung, ganz gleich von wem die Handlung begangen worden sei. In dieser Beziehung waren besonders beweiskräftig die folgenden Ausführungen des Staatssekretärs des Reichs-Justizamts Nieberding, er sagte: „Es ist keine Frage, daß die Vorlage sich tatsächlich vornehmlich gegen die Agitationen unerlaubter und ungesetzlicher Art im Arbeiterstande richtet. Ebenso fraglos ist es aber auch, daß hier von einem Ausnahmegesetz nicht die Rede sein kann. Das Gesetz, welches sich gegen die Jesuiten richtet und sie verfolgt, ist ein Ausnahmegesetz, und ein Gesetz, welches die Angehörigen der sozialdemokratischen Partei, eben weil sie dieser Partei angehören, unter gewissen Umständen unter Strafe stellt, die die anderen Bewohner des Staates nicht treffen, ein solches Gesetz ist ein Ausnahmegesetz. Meine Herren, davon kann in dem Zusammenhange gewiß hier nicht die Rede sein. Aber bei dem vorliegenden Gesetz, durch das Arbeitgeber und Arbeiter unter gewissen tatsächlichen Voraussetzungen in vollkommen gleicher Weise unter Strafe gestellt werden, da geht es gegen jede juristische Konklusion, von einem Ausnahmegesetz zu sprechen.“

Leider waren bewährte Juristen, wie die den bürgerlichen Parteien angehörenden Abgeordneten Bassermann und Lenzmann, so verblendet, diesen Verstoß gegen die juristischen Konklusionen zu begehen und gegen das Gesetz zu sprechen, weil es ein Ausnahmegesetz sei.

Die Behauptung, daß der § 153 der R. G. O. in Verbindung mit dem Strafgesetzbuch vollkommen ausreiche, um den Mißständen und dem unerträglichen Terrorismus der Sozialdemokratie zu steuern, ist hier bereits genügend als durchaus unzutreffend erwiesen worden.

Trotz alledem erreichte die Sozialdemokratie, unter dem Beistande der mehrerwähnten bürgerlichen Parteien, ihr Ziel. Das Gesetz wurde in der denkbar schärfsten Form vom Reichstage abgewiesen, indem ihm, nach Beendigung der ersten Lesung, die Beratung in einer Kommission versagt wurde. Es wurde „verscharrt", wie sich die Sozialdemokraten ausdrückten. Die späteren, unter Führung des damaligen Abgeordneten Möller, des jetzigen Handelsministers, von wenigen einsichtigeren Nationalliberalen gemachten Versuche, wenigstens die notwendigsten Bestimmungen zur Sicherung des Arbeitsverhältnisses zu retten, hatten keinen Erfolg.

Diese Vorgänge sind hier so ausführlich dargelegt worden, um zu zeigen, daß die Verbündeten Regierungen von der Unhaltbarkeit der betreffenden Zustände überzeugt waren. Umfangreich und mit größter Schärfe hatten sie in den Begründungen ihrer 1890 und 1899 eingebrachten Gesetze, hatten ihre Vertreter in den betreffenden Verhandlungen die Größe der Mißstände, die herrschende Rechtlosigkeit, wie die Notwendigkeit der Abhilfe erwiesen. Dies eingehend darzulegen war erforderlich, um den Gegensatz in dem nun folgenden Verhalten der Regierung deutlich hervortreten zu lassen.

Die Hinnahme der scharfen Abweisung eines derart begründeten Gesetzes, für das selbst der Kaiser sein Wort verpfändet hatte, ließ deutlich erkennen, daß die Verbündeten Regierungen gesonnen waren, nunmehr den Kampf aufzugeben. Sie hatten eingesehen, daß es unmöglich sei den Einfluß zu besiegen, den die Sozialdemokratie auf die große Mehrheit der Reichstagsabgeordneten ausübte.

Diese niederdrückende Ueberzeugung mag dazu beigetragen haben, den Widerstand der Regierung gegen den Ansturm der Sozialdemokratie und der ihr bewußt oder unbewußt Vorspann leistenden Sozialisten in der bürgerlichen Gesellschaft mehr und mehr abzuschwächen.

Nicht ohne Einfluß auf die Regierung blieb das Vorgehen der Parteien, die, um Arbeiterfreundlichkeit zu prästieren, bei jeder neueröffneten Session einen Wettlauf anstellten, sich förmlich überschlugen, um sozialpolitische Anträge einzubringen, mit denen sie sich den Forderungen der Sozialdemokratie mehr und mehr näherten. Schritt für Schritt wich auch die Regierung zurück.

Es ist eine offen liegende Tatsache, daß jede zu Gunsten der Arbeiter eingeführte Institution, sobald sie eine Handhabe bietet, von der Sozialdemokratie zur Förderung ihrer Zwecke, besonders zur Ausbreitung und Kräftigung ihrer Organisation ausgenutzt wird. Die freien Hilfskassen sind längst Erziehungsanstalten der Sozialdemokratie, die Ortskrankenkassen Anstalten zur Belohnung und Versorgung abgenutzter sozialdemokratischer Agitatoren geworden. Die Arbeiter-Beisitzer bei den Gewerbegerichten werden fast ausschließlich von der Sozialdemokratie gestellt und nicht wenige Plätze auf der anderen Seite werden schon von ihren Anhängern eingenommen. Aeußerst günstig ist für die Sozialdemokratie die Einführung neuer Wahlverfahren auf der Grundlage des allgemeinen und geheimen Wahlrechts. Jede derartige Wahl bietet die höchst erwünschte Gelegenheit, Aufregung in die Massen zu bringen, Heerschau zu halten und die Truppen zu exerzieren. Dennoch will die Regierung ihr ein neues derartiges Manöverfeld in den Wahlen zu den Kaufmannsgerichten gewähren.

Die Hauptmacht der Sozialdemokratie liegt in ihrer Organisation. In den Gewerkschaften sammelt sie ihre Kerntruppen. Durch die Gewerkschaften führt sie den Kampf gegen die Arbeitgeber, übt sie rücksichts- und erbarmungslos Druck, Zwang und schlimmsten Terrorismus, eine winzige Minderheit, gegen die große Masse der deutschen Arbeiterschaft aus. Schutz- und rettungslos ist diese ihr preisgegeben. Und eine winzige Minderheit ist es in in der Tat.

Im Jahre 1902 zählten die sozialdemokratischen Gewerkschaften — 60 Lokalverbände — 733 216 Mitglieder; die Berufszählung des Jahres 1895 stellte die Zahl der in der Industrie beschäftigten Arbeiter auf 5 955 711 fest. Demnach gehörten der sozialdemokratischen Organisation nur 12,3 Prozent der Industriearbeiter an. Dieser Prozentsatz wird tatsächlich noch viel geringer, weil die Zahl der Industriearbeiter von 1895 bis 1902 wesentlich zugenommen hat. Dieses Verhältnis wird auch nur ganz unwesentlich dadurch geändert, daß neben den 60 Lokalverbänden noch die sozialdemokratische freie Vereinigung deutscher Gewerkschaften mit 10 090 Mitgliedern seit dem Jahre 1902 besteht.

Trotzdem die Sozialdemokratie sich derart in der Minderheit befindet, greift sie doch durch ihre Gewerkschaften oft und verhängnisvoll störend in den Fortgang der nationalen Arbeit ein, übt sie den furchtbaren Druck auf die deutsche Arbeiterschaft aus, diese unter ihr schweres, vernichtendes Joch zwingend. Und dennoch scheint die Regierung nicht abgeneigt zu sein, dem Verlangen der Sozialdemokratie und ihrer Helfer im Reichstage nachzugeben und die sozialdemokratischen Organisationen durch Verleihung der Rechtsfähigkeit weiter zu kräftigen.

Das würde freilich der seinerzeit im Reichstage verkündeten veränderten Auffassung der Regierung entsprechen, die in der Sozialdemokratie nicht mehr eine Umsturzpartei, sondern eine Arbeiterpartei zur berechtigten Vertretung der Interessen der Arbeiter erblickt.

Sind ihre Handlungen aber in der Tat danach angetan, der Sozialdemokratie diese Stellung einzuräumen und die Annahme zu rechtfertigen, daß sie im Interesse der Arbeiter handle? Lag es im Interesse der ruhigen und zufriedenen, in durchaus gutem Einvernehmen mit ihren Arbeitgebern lebenden Arbeiter in Crimmitschau, daß sie durch jahrelang betriebene systematische Agitation aufs äußerste verhetzt und in einen Ausstand mit für sie unglücklichstem Ausgang getrieben wurden? Sind die fast zahllosen ähnlichen Unternehmungeu der sozialdemokratischen Gewerkschaften, durch welche jährlich Tausende von Arbeiterfamilien in Not und Elend versinken, als Großtaten im Interesse der

Arbeiter anzusehen? Diese Fragen müssen ebenso entschieden verneint werden, wie die Annahme zurückgewiesen werden muß, daß das stürmische Drängen nach immer weiterer Kürzung der Arbeitszeit den Interessen der Arbeiter entspreche. Mit Minderung der Arbeitszeit geht unzweifelhaft in den allermeisten Fällen Hand in Hand eine Verschlechterung der materiellen Lage der Arbeiter; damit würde die Erreichung, ideal gedacht, wichtiger und erstrebenswerter Wünsche und Ziele, zu teuer erkauft werden.

In dieser Beziehung sollte doch wohl ein anderer Gesichtspunkt auch einige Beachtung verdienen. Die Gestaltung der handelspolitischen Verhältnisse und alle anderen Erscheinungen auf diesem Gebiete begründen die Befürchtung, daß eine Periode erschwerten Absatzes unseren Erzeugnissen auf dem Weltmarkte bevorstehe. Da sollte man sich hüten, mit rauher Hand einzugreifen und durch willkürliche Kürzungen der Arbeitszeit die Wettbewerbsfähigkeit unserer Industrie zu schwächen. Um so mehr sollte von solchen Eingriffen Abstand genommen werden, da die natürliche Entwickelung zu erheblichen Kürzungen der früher üblichen Arbeitszeiten geführt hat und zweifellos weiter führen wird.

Es ist jedoch der Anschein vorhanden, daß die Regierung nicht abgeneigt sei, auch in dieser Frage der Sozialdemokratie und der von sentimentalen, den gebieterischen Forderungen der realen Wirklichkeit widersprechenden Empfindungen beherrschten öffentlichen Meinung weitgehende Zugeständnisse zu machen.

Alle diese Betrachtungen sind hier angestellt worden, um zwei Schlußfolgerungen zu begründen, die mit aller Entschiedenheit gezogen werden müssen.

Erstens ist es absolut ausgeschlossen, daß ein aus unserem bestehenden Wahlrecht hervorgegangener Deutscher Reichstag zur Bekämpfung der von der Sozialdemokratie und ihren Organisationen ausgehenden rechtlosen Zustände mitwirken wird, selbst wenn die Verbündeten Regierungen geneigt sein sollten, zu diesem Zwecke nochmals gesetzgeberisch vorzugehen.

Zweitens ist eine solche Geneigtheit ebensowenig zu erwarten, wie die Zustimmung des Reichstages, da die sozialpolitische Gesetzgebung der Verbündeten Regierungen eine mehr und mehr die Sozialdemokratie und ihre Zwecke begünstigende Richtung eingeschlagen hat und verfolgt.

Das ist die Lage, der gegenüber sich die deutsche Industrie befindet. Ohne genügenden Rechtsschutz ist sie den von der Sozialdemokratie ausgehenden, durch den Mißbrauch des Koalitionsrechtes so wesentlich verschärften Angriffen und Arbeitsstörungen ausgesetzt. Ohne helfen zu können, muß sie zusehen, wie der überwiegende noch treue und gutgesinnte Teil ihrer Arbeiter unter der Tyrannei der sozialdemokratischen Organisation leidet und, oft genug zum Verderben, dem Koalitionszwange rettungslos verfällt.

So dem Stande der Notwehr preisgegeben, hat der Ausstand in Crimmitschau den Arbeitgebern den Weg gewiesen, den sie in ihrer Gesamtheit zu beschreiten haben, um Selbsthilfe zu üben. Dieser Weg ist von weitsichtigen und entschlossenen Arbeitgebern einzelner Betriebsarten bereits seit längerer Zeit und mit sichtlichem Erfolge als gangbar befunden worden.

Von der Sozialdemokratie war in Crimmitschau eine mit langer Hand vorbereitete Kraftprobe angestellt worden. Sie wurde von der Gesamtheit der deutschen sozialdemokratischen Organisationen unterstützt. Unterstützung war, wie es hieß, auch von den ausländischen Gewerkschaften zugesagt. Die der Arbeiterschaft abgepreßten Groschen flossen in reichem Strome den ausständigen Arbeitern zu. Volle Siegesgewißheit herrschte in der Sozialdemokratie.

Am 5. Dezember 1903 schrieb die sozialdemokratische „Leipziger Volkszeitung" gelegentlich einer Besprechung der von der Königlich Sächsischen Regierung getroffenen Maßnahmen zur Herstellung und Erhaltung der öffentlichen Ordnung in Crimmitschau:

> „Bei der sächsischen klassenbewußten Arbeiterschaft darf es jetzt nur den einen Gedanken geben, daß die Crimmitschauer Heldenkämpfer siegen müssen trotz alledem und alledem, und daß der Sieg der Crimmitschauer ein Sieg sein muß nicht nur über das hartherzige Kapital, sondern auch über die ganze sächsische Polizeipraxis."

Der „Vorwärts" glaubte fest daran, daß es der deutschen Arbeiterschaft gelingen werde, die Arbeitgeber zu Grunde zu richten. Am 18. Dezember 1903 schrieb er, freilich in sophistischer Verdrehung der Verhältnisse:

„An der deutschen Arbeiterschaft allein liegt es, die Folgen dieses Kampfes von den Arbeitern ab, auf die Fabrikanten zu wälzen. Haben diese ihre heimische Industrie zu Grunde gerichtet, so soll wenigstens den bewunderungswürdigen Kämpfern in Crimmitschau daraus kein dauernder Schaden erwachsen."

Nach der in Crimmitschau eingegangenen Mitteilung von einem bevorstehenden Vermittelungsversuche schrieb der „Vorwärts" am 23. Dezember:

„Also jetzt, wo den Fabrikanten das Wasser bis zum Halse steht, tut die Regierung den Schritt, den sie lange hätte tun müssen. Die Arbeiterschaft war, im Gegensatz zu den Fabrikanten, immer zum Entgegenkommen bereit; (?) daß sie jetzt freilich nicht mehr zu den Bedingungen in die Fabriken gehen wird, zu denen sie vor einem Monat noch bereit gewesen wäre, kann man ihr nicht verdenken. Regierung und Fabrikanten können dem **Sieger** nicht die Bedingungen diktieren, unter denen er die Schlacht abbrechen soll."

So fest glaubte man im sozialdemokratischen Hauptquartier an den Sieg. Allseitig war man auf eine noch sehr lange Dauer des Ausstandes vorbereitet.

Da trat ein unerwartetes, vollkommen neues Ereignis ein. Weit hinaus über den Kreis der zunächst beteiligten Textilindustrie erklärten sich, auf Anregung des Centralverbandes Deutscher Industrieller, die Arbeitgeber aller anderen deutschen Industrien bereit, die von der sozialdemokratischen Organisation so schwer angegriffenen Fabrikanten in Crimmitschau wirkungsvoll zu unterstützen. Das geschah mit der ausgesprochenen Absicht, es den Angegriffenen zu ermöglichen, den ihnen aufgezwungenen Kampf bis zum bitteren Ende durchzuführen. Es war kein Geheimnis daraus gemacht worden, daß die von den anderen Industrien sofort gewährten Mittel und die in Aussicht gestellten fortlaufenden

Beiträge zu diesem Zwecke, die Durchführung jener Absicht vollkommen sicherten.

Der Ausstand in Crimmitschau hatte jedoch noch eine weitere Folge. Bereits vor längerer Zeit waren Arbeitgeberverbände gebildet worden zu dem Zwecke, gemeinsam die Angriffe der Arbeiter und ihrer Organisationen abzuwehren. Diese Verbände bestanden jedoch nur vereinzelt. Von den ähnlichen Verbänden im Baugewerbe und den mehr handwerksmäßigen Betrieben wird hier abgesehen. Die sehr große Mehrzahl der Arbeitgeber, besonders die in den großen, bedeutendsten Industrien, hatten sich jedoch gegenüber den auf die Bildung solcher Verbände gerichteten Bestrebungen bisher durchaus ablehnend verhalten.

Der Ausstand in Crimmitschau hatte gezeigt, wie die gesamte sozialdemokratisch organisierte Arbeiterschaft sich hinter die Ausständigen gestellt hatte, um eine Machtfrage gegen die Arbeitgeber zur Entscheidung zu bringen. Mit Sicherheit war zu erkennen, daß einem Siege der Ausständigen in diesem Falle die Aufstellung weiterer Machtfragen an anderen Orten und der Versuch, sie in gleicher Weise zu entscheiden, folgen würde. Bei allen diesen Fragen handelte es sich um Angriffe auf die berechtigte und, im Interesse des Fortganges der Produktion, notwendige Stellung des Arbeitgebers als alleinigem Leiter seines Betriebes.

Durch den Ausstand in Crimmitschau kam die Gefahr der Lage der gesamten deutschen Arbeitgeberschaft zum Bewußtsein. Fast mit einem Schlage hatte sich in den bisher verneinenden Kreisen ein Umschwung der Ansichten vollzogen. Allgemein wurde erkannt, daß der Zusammenschluß der Arbeitgeber unbedingt notwendig geworden sei, um die unberechtigten Ansprüche der Arbeiter und ihrer Organisation wirksam und durchgreifend zu bekämpfen und ihre der Sozialdemokratie noch nicht verfallenen Arbeiter zu schützen.

Das Direktorium und die Geschäftsführung des Centralverbandes Deutscher Industrieller hatten, bei der Einleitung und Durchführung der Hilfsaktion für die Fabrikanten in Crimmitschau, umfangreiche schriftliche und mündliche Verhandlungen mit den Vertretern der Industrien in allen Teilen Deutschlands geführt. Das hatte die ausgiebigste Gelegenheit geboten, nicht nur Kenntnis von dem eingetretenen Stimmungswechsel, sondern auch von dem vielseitigen, mit äußerster Dringlichkeit hervortretenden Verlangen zu erhalten, den Zusammenschluß aller industrieller Arbeitgeber so bald als tunlich zu organisieren.

Diese Wahrnehmungen hatten das Direktorium des Centralverbandes veranlaßt, sich in seiner Sitzung vom 13. Januar d. J. mit dieser Frage zu beschäftigen und folgenden Beschluß zu fassen:

„Eine Zentralstelle der Arbeitgeberverbände zu errichten, um sie zur Bekämpfung unberechtigter Bestrebungen der Arbeiter miteinander in Verbindung zu bringen."

Am 17. Januar tagte in Berlin eine von dem Vorsitzenden des Verbandes von Arbeitgebern der sächsischen Textil-Industrie, Geh. Kommerzienrat Vogel, Chemnitz, berufene Versammlung, in der, außer Mitgliedern des Centralverbandes, besonders auch die diesem nicht angehörenden industriellen Verbände und Vereine vertreten waren. Diese beschäftigte sich mit derselben Frage und faßte einstimmig den folgenden Beschluß:

„Die heute im Hotel Kaiserhof versammelten Industriellen und Vertreter industrieller Verbände erklären es einstimmig für eine dringende Notwendigkeit, daß ein allgemeiner deutscher Arbeitgeberverband ins Leben gerufen wird und haben zu diesem Zwecke ein aus 11 Mitgliedern bestehendes Komitee gewählt, welches die weiteren Schritte zur Verwirklichung dieses Beschlusses zu veranlassen hat."

Diese beiden Tatsachen, die Unterstützung der im Kampfe stehenden Fabrikanten durch die fast gesamte deutsche Arbeitgeberschaft, und die von dieser bekundete Absicht, sich der Sozialdemokratie gegenüber zu organisieren, genügten. Die sozialdemokratische Gewerkschaftsleitung erkannte die Aussichtslosigkeit des Kampfes unter diesen Umständen. Am Abend des 18. Januar wurde die Welt mit der Nachricht überrascht, daß sie die Arbeiter in Crimmitschau aufgefordert habe, bedingungslos zur Arbeit zurückzukehren.

Das war das Ende des Ausstandes in Crimmitschau. Ueber ihn brachte die am 2. Januar ausgegebene „Neue Zeit", das

„wissenschaftliche" Organ der zielbewußten Sozialdemokratie, einen Artikel, der sehr lesenswert wegen des offenen Eingeständnisses ist, daß es sich um einen Klassenkampf der Sozialdemokratie, um eine Machtfrage gehandelt habe. In diesem Artikel war, nach einem Hinweis auf den von der sächsischen Regierung beabsichtigten Vermittelungsversuch, gesagt worden: „Nach all den empörenden Angriffen der Behörden auf die Arbeiter, die ihr gesetzmäßig verbürgtes Koalitionsrecht zu gebrauchen so frei waren, ist die Entsendung eines amtlichen Friedensboten nichts anderes als ein Eingeständnis der Regierung, daß sie das Spiel verloren hat und zur Kapitulation gezwungen ist."

Hier anknüpfend schloß der Artikel mit folgenden Sätzen:

„Ob der Friedensschluß überhaupt schon und wie er im bejahenden Falle erfolgt, das läßt sich nicht vorhersagen, und so dürfen wir uns alle Vermutungen darüber sparen. Ebensowenig würde es sich schicken, den Crimmitschauer Arbeitern dreinzureden, auf welche Bedingungen hin sie die Arbeit wieder aufnehmen wollen. Soweit aber der Kampf über die örtlichen Grenzen hinausgegriffen hat, soweit er ein allgemeiner Klassenkampf des deutschen Proletariats geworden ist, läßt sich seine Wirkung heute schon als ein großer Erfolg registrieren, der sich in seiner Art ebenbürtig neben den Wahlsieg des 16. Juni stellen darf. Er würde es auch dann tun können, wenn die Crimmitschauer Arbeiter nicht alle ihre Forderungen aufrecht erhielten und dem geschlagenen Gegner eine goldene Brücke bauten. Das Entscheidende wäre eben, daß die Crimmitschauer Fabrikanten mit ihrem vorwitzigen Aufwerfen der „Machtfrage" an dem entschlossenen Widerstande der deutschen Arbeiter gründlich abgeblitzt sind, und mit ihnen das Unternehmertum, das ihnen begeisterte Heerfolge leistet. Die guten Leute haben eine derbe Lektion erhalten für ihren unbeschämten Anspruch, „Herren im eigenen Hause" zu sein, in dem Sinne, daß sie denjenigen Arbeitern, mit denen sie einen freien Vertrag über Kauf und Verkauf der Arbeitskraft eingegangen sind, als echte Feudalherren, das letzte Blut aus den Adern und das letzte Mark aus den Knochen saugen dürfen."

„Freilich eine moralisch mildernde Wirkung auf den Unternehmertrutz darf man sich von dieser derben Lektion nicht versprechen. Er wird sich künftig die Sache viel genauer überlegen, ehe er seine Krallen vorstreckt, aber nimmermehr läßt er sich diese Krallen so beschneiden, daß er nicht mehr kratzen kann. Wer auch nach den Crimmitschauer Erfahrungen noch an der süßen Einbildung von der Abschwächung des proletarischen Klassenkampfes und seiner fortschreitenden Humanisierung festhält, dem muß nun schon der liebe Gott zur richtigen Erkenntnis verhelfen, denn die Kraft menschlicher Ueberzeugung hat an ihm Hopfen und Malz verloren. Gerade der Crimmitschauer Fall zeigt, daß der kapitalistische Hoch- und Uebermut sich in seinem ungestümen Tatendrang um so mehr gekitzelt fühlt, je bescheidener und besonnener die Arbeiter ihre Ansprüche abmessen."

„Es ist ganz richtig, zu sagen, daß eine leichtfertige Verschärfung des Klassenkampfes nur zum Schaden ihrer Urheber ausschlägt. Aber man sollte diese wohlwollende Beobachtung nicht an die Adresse der Arbeiter richten, die sich darüber längst klar sind, sondern an die Adresse der Unternehmer, die in ihres Sinnes Torheit nicht aufhören, ein Feuer zu schüren, an dem sie sich immer mehr verbrennen. So lange aber dies selbstmörderische Treiben dauert, brauchen die Arbeiter darüber nicht melancholische Betrachtungen anzustellen; je weniger sie für die Verschärfung des Klassenkampfes verantwortlich, um so wirksamere Handhaben gewinnen sie dadurch, ihre eigene Sache zu fördern, und in dem Crimmitschauer Streik haben sie gezeigt, wie gründlich sie eine solche Gelegenheit auszunützen wissen."

„S i e d ü r f e n d e m s c h e i d e n d e n J a h r e e i n e n f r e u d i g e n A b s c h i e d s g r u ß w i d m e n u n d e i n f r ö h l i c h e s G l ü c k a u f d e m n e u e n J a h r e, d a s, w e n n n i c h t a l l e A n z e i c h e n t r ü g e n, i h r e m B e f r e i u n g s k a m p f e w a c h s e n d e E r f o l g e b e s c h e r e n w i r d."

Also hier noch die volle Siegeszuversicht und kurze Zeit darauf der gänzliche Zusammenbruch des Widerstandes dem Zusammenschluß der Arbeitgeber gegenüber.

Die Enttäuschung und Niedergeschlagenheit kam auch in der sozialdemokratischen Presse zum Ausdruck. Die zu den stärksten

Hetzblättern der Sozialdemokratie gehörige „Leipziger Volkszeitung“ vom 25. Januar, als Beispiel, schrieb: „Es ist für die Chancen eines Arbeiterkampfs kein Vorteil, wenn er sich zur Machtprobe zwischen der herrschenden Gesellschaft und der Arbeiterbewegung auswächst, sintemalen die Ueberlegenheit der ganzen bürgerlichen Gesellschaft über die Arbeiterklasse immer noch größer und **zweifelloser** ist, als die partielle Ueberlegenheit einer lokal oder nach Branchen begrenzten Gruppe des Unternehmertums über ihre Arbeiter.“

Das klingt recht kleinlaut und steht in schroffem Gegensatz zu dem Pochen auf die Macht der Arbeiter und das Gelingen der angestellten Machtprobe. Im übrigen zieht fast die gesamte sozialdemokratische Presse aus der erlittenen Niederlage den Schluß, daß das Unternehmertum, der Unternehmerstaat mit seiner ganzen bürgerlichen Rechtsordnung umgestürzt und über den Haufen geworfen werden müsse. Die Mauserung der Sozialdemokratie zu einer, wenn auch radikalen Ordnungspartei scheint demnach große Fortschritte noch nicht gemacht zu haben.

Der Zusammenschluß, auf den die „Leipziger Volkszeitung“ hindeutet, wird, mindestens soweit die Industrie in Betracht kommt, sicher erfolgen. In der erwähnten Versammlung am 17. Januar wurde ein aus 11 Mitgliedern, meistens Vertreter von wirtschaftlichen und industriellenVereinen und Verbänden, bestehendes Komitee unter dem Vorsitz des stellvertretenden Vorsitzenden des Centralverbandes Deutscher Industrieller, Hüttenbesitzers R. Vopelius-Sulzbach, eingesetzt mit dem Auftrage, die Organisation der Arbeitgeber durch das ganze Reich sofort in die Wege zu leiten.

Die Organisation der Arbeitgeber wird von der die Forderungen der Sozialdemokraten meistens unterstützenden Presse der hier mehrerwähnten bürgerlichen Parteien benutzt, um der Regierung die Notwendigkeit nahe zu legen, nunmehr die Arbeiterorganisationen durch Verleihung der Rechtsfähigkeit mehr zu kräftigen. In der anderen Presse, beispielsweise in der „Kreuz-Zeitung“ vom 23. und im „Tag“ vom 26. Januar wird die Notwendigkeit hervorgehoben, den voraussichtlichen schweren Kämpfen zwischen diesen beiden starken Organisationen durch die gesetzliche Einführung von

Zwangsschiedsgerichten ein Ziel zu stecken. Augenscheinlich sollen durch diese Perspektive die Arbeitgeber eingeschüchtert und veranlaßt werden, von ihren Vorhaben abzustehen.

Zunächst ist darauf hinzuweisen, daß dieses Auskunftsmittel vorläufig von der Sozialdemokratie zurückgewiesen wird. Die „Leipziger Volkszeitung" vom 25. Januar schreibt in einem Artikel „Um Crimmitschau": „In der „Kreuz-Zeitung" dagegen regen sich patriarchalische Reminiszenzen. Das konservative Organ nimmt die Gelegenheit wahr, der Anarchie der liberalen Wirtschaftsordnung etwas am Zeuge zu flicken und empfiehlt als Vorbeugungsmaßregel gegen die Verheerungen wirtschaftlicher Machtkämpfe die Stabilierung der Autorität des Staates über den streitenden Parteien. Es verlangt gesetzliche Institutionen zur Verhütung von Streiks und Aussperrungen durch schiedsgerichtliche Organe, die die wirtschaftlichen Kämpfe durch Urteil rechtswirksam zu entscheiden hätten. Es ist natürlich eine utopische Vorstellung, in eine Gesellschaftsordnung, die sich auf der Freiheit des Arbeitsvertrages aufbaut, durch die Zwangsgewalt des Staates eingreifen zu wollen und die Unternehmer oder Arbeiter durch den Gerichtsvollzieher zur Ausführung von schiedsgerichtlichen Urteilen anhalten zu wollen. Die hoffnungslose Verlegenheit, die aus derartigen Vorschlägen spricht, bildet jedoch nur die Kehrseite des brutalen Macht- und Autoritätsstandpunktes der amtlichen und freiwilligen Offiziösen des Centralverbandes."

Die Arbeitgeber können diese Vorschläge und die Erwägung, was die Gesetzgeber später zu tun für angemessen erachten sollten, vorläufig auf sich beruhen lassen. Der Erfolg des ersten Anlaufes der Arbeitergeber, gemeinsam im Falle Crimmitschau zu handeln und zu einer geschlossenen Organisation zu gelangen, spricht für die Vermutung, daß nach deren Vollendung die Kämpfe nicht gar schwer werden dürften. Auch die in dem ausgezeichnet organisierten und arbeitenden „Gesamtverbande Deutscher Metallindustrieller" gesammelten Erfahrungen beweisen, daß es dem ernsten, festen Zusammenwirken der Arbeitgeber wohl gelingen könnte, die Lust zum Kampf und Angriff bei den sozialdemokratischen Arbeiterorganisationen niederzuhalten und im beiderseitigen Interesse den ruhigen Fortgang der Arbeit zu sichern.

Es muß hier ausdrücklich festgestellt werden, daß es den Arbeitgebern durchaus fern liegt, eine Beschränkung des den Arbeitern gewährten Koalitionsrechtes zu erstreben. Es ist hier aber in unanzweifelbarer Weise ferner festgestellt worden, daß gegenwärtig im Deutschen Reiche ein rechts- und gesetzloser Zustand insofern besteht, als es der Sozialdemokratie nicht verwehrt ist, die Koalitionsfreiheit in einen Koalitionszwang umzuwandeln. Gegenüber diesem rechtlosen Zustande, der seinerzeit auch von den Verbündeten Regierungen unumwunden anerkannt worden ist, befinden sich die Arbeitgeber und deren nicht sozialdemokratische Arbeiter, es muß hier nochmals ausgesprochen werden, im Stande der Notwehr. Da die Rechtshilfe in dieser Beziehung versagt, muß die Selbsthilfe eintreten. Die Kraft zum Mißbrauch des Koalitionsrechts, welche die Organisationen der Arbeiter aus dem rechtlosen Zustande schöpfen, muß durch die Organisation der Arbeitgeber gebrochen werden. Durch sie wird es gelingen, den ruhigen Fortgang der Arbeit und die fruchtbare Entwickelung des Wirtschaftslebens, dieser bedeutendsten Grundlage des ganzen Staatswesens, zu sichern. Wenn dies gelingt, und es wird gelingen, dann werden Millionen deutscher Arbeiter, befreit von dem Druck und Zwange der sozialdemokratischen Organisationen, erleichtert aufatmen.

Daher ist der Zusammenschluß der Arbeitgeber zur Abwehr unberechtigter Ansprüche der Arbeiter und ihrer Organisationen notwendig und berechtigt.

II.

Auf welchen Grundlagen könnte die Organisation der Arbeitgeber in Verbänden und die Zusammenfassung dieser in einer Centralstelle vollzogen werden?

Im allgemeinen wird von den deutschen Industriellen der prinzipielle Standpunkt eingenommen, jede Einmischung dritter in die Regelung des Vertragsverhältnisses mit ihren Arbeitern abzulehnen. Dieses Prinzip wird besonders entschieden von der deutschen Großindustrie bei Streitigkeiten mit den Arbeitern durchgeführt. Jede Verhandlung mit Personen, die dem Werksverbande nicht angehörigen, sogenannten Arbeitervertreter oder Delegierten der betreffenden Gewerkvereine, wird entschieden abgelehnt. In der Bergbauindustrie ist es bei Differenzen über die Bedingungen des Arbeitsvertrages sogar üblich, nicht mit den Abgesandten der gesamten Belegschaft, sondern nur mit den Vertretern der einzelnen Kameradschaften zu verhandeln.

Der Versuch seitens eines anderen Arbeitgebers in die Regelung der hier in Rede stehenden Verhältnisse einzugreifen, ist wohl kaum vorgekommen, er würde aber mit gleicher Entschiedenheit abgelehnt werden. Wohl aber haben sich bei allgemeinen Streitigkeiten bezw. Ausständen die betroffenen Arbeitgeber über ein einmütiges Verfahren den Arbeitern gegenüber verständigt. Wenn die Verständigung in den von den Arbeitgebern zur Vertretung ihrer allgemeinen Interessen gebildeten Vereinigungen oder Verbänden erfolgte, so sind von diesen die Arbeiter doch immer auf die Verhandlung mit ihren speziellen Arbeitgebern verwiesen worden.

Dieser prinzipiellen Meinung des übergroßen Teiles, besonders der größeren Arbeitgeber, wird bei Bildung ihrer Verbände zur Abwehr unberechtigter Ansprüche der Arbeiter und deren Organisationen Rechnung getragen werden müssen. Es wird darnach zu streben sein, den Arbeitgebern auch in der Organisation die möglichst größte Selbständigkeit in Feststellung der Arbeitsbedingungen zu belassen.

Andererseits werden die Arbeitgeber anerkennen müssen, daß der Anschluß an eine Organisation, welcher Art sie sein mag, es bedingt, den leitenden, die Gesamtheit der Organisierten vertretenden Organen gewisse Befugnisse einzuräumen. Solche Befugnisse werden immer mit der Möglichkeit verbunden sein müssen, im gegebenen Falle das Selbstbestimmungsrecht des Einzelnen zu beschränken.

Dieser Vorgang ist bei jedem industriellen Kartell oder Syndikat zu beobachten. Die Syndikate, die das Selbstbestimmungsrecht ihrer Mitglieder zumeist beschränken, sind anerkannt die vollkommneren und wirkungsvolleren.

Auf die hier in Rede stehenden Verhältnisse zurückkommend, mag vorläufig an einem Beispiele die Notwendigkeit erwiesen werden, den zu bildenden Arbeitgeberverbänden, bezw. deren Centralstelle das Recht einzuräumen, im gegebenen Falle in die Regelung der betreffenden Verhältnisse eines Arbeitgebers oder einer Gesamtheit von Arbeitgebern einzugreifen.

Bei der aus dem Fall Crimmitschau hervorgegangenen Bewegung scheint Einigkeit darüber zu bestehen, einen Kapitalstock zur erfolgreichen Durchführung aufgezwungener Kämpfe anzusammeln. Ueber die Verwendung wird ein Organ Beschluß zu fassen haben. Für einen solchen Beschluß ist aber unbedingte Voraussetzung die Prüfung der Berechtigung des Anspruches an den Kapitalstock. Der Beschluß muß die Bedingungen feststellen unter denen der Anspruch erfüllt wird, sowie Bestimmung treffen über den Eintritt, die Dauer und die Verwendung der gewährten Unterstützung. Damit können unter Umständen wohl Eingriffe in das Selbstbestimmungsrecht der Arbeitgeber verbunden sein. Werden solche Eingriffe unter jeden

Umständen abgewiesen, so würde das gleichbedeutend sein mit einer unbedingten Verneinung gegenüber den auf die Organisation der Arbeitgeber gerichteten Bestrebungen.

Hier einen mittleren, allgemein gangbaren Weg zu finden, wird eine der wichtigsten Aufgaben bei Feststellung der Grundlagen für den Aufbau der Arbeitgeberverbände und deren Centralstelle sein.

Es wird vorausgesetzt, daß das, von der Versammlung am 17. Januar d. J. eingesetzte Komitee sich die Aufgabe stellen wird, die Organisation der Arbeitgeberverbände in die Wege zu leiten. Die Erfüllung dieser Aufgabe ist bedeutungsvoll und dringend, da die bereits bestehenden derartigen Verbände nur einen verhältnismäßig geringen Teil der Arbeitgeber umfassen. Daher sollen zunächst die Grundlagen für diese Verbände ins Auge gefaßt werden.

Mitgliedschaft.

Der Beitritt zu den Verbänden sollte allen Arbeitgebern gestattet sein, die unter das Unfallversicherungsgesetz fallen. Vielleicht könnte dabei abgesehen werden von den neueren Erweiterungen des Umfanges dieses Gesetzes.

Den Beitritt der handwerksmäßigen Betriebe dürfte nicht zu empfehlen sein. Die große Zahl dieser Betriebe, die geringe Leistungs- und Widerstandsfähigkeit vieler derselben, die Verschiedenartigkeit der Verhältnisse bezüglich des Verkehrs vieler Handwerksmeister mit ihren Gesellen und Gehilfen einerseits und der größeren Arbeitgeber mit ihren Fabrikarbeitern andererseits — alles das würde die Aufgaben der Arbeitgeberverbände derart erweitern und komplizieren, daß die Erreichung ihres Zweckes gefährdet erscheinen müßte.

Es ist zuzugeben, daß das Handwerk unter dem durch den in dieser Beziehung recht- und gesetzlosen Zustand erstarkten Terrorismus der sozialdemokratischen Organisationen viel schwerer zu leiden hat, als die größeren fabrikmäßigen Betriebe. Es muß den Handwerkern aber überlassen bleiben, sich zur Kräftigung ihrer Widerstandsfähigkeit gegen unberechtigte Ansprüche ihrer Gesellen und Gehilfen selbst zusammen zu schließen. Wenn dies geschehen ist, wird erwogen werden können, ob und in welcher Weise eine organische Verbindung zwischen den Verbänden der größeren Betriebe und denen der Handwerker hergestellt werden kann. Dies ist aber eine Frage, die erst in der Zukunft erörtert und gelöst werden kann.

Zweck.

Die Arbeitgeberverbände sollten zu dem Zwecke errichtet werden

> unberechtigte Bestrebungen und Ansprüche der Arbeiter und ihrer Organisationen, die darauf gerichtet sind, die Arbeitsbedingungen einseitig vorzuschreiben oder in die Befugnisse der Betriebsleitung der Arbeitgeber einzugreifen und besonders die zu diesen Zwecken geplanten Ausstände im gegebenen Falle gemeinsam abzuwehren und in ihren Folgen unschädlich zu machen.

Die Behandlung oder Vertretung aller übrigen, die Interessen der Arbeitgeber oder der Industrie berührenden, auf den Gebieten der Wirtschafts-, Zoll-, Handels- oder Sozialpolitik, der Technik oder des Verkehrswesens liegenden Fragen, soll von den hier geplanten Arbeitgeberverbänden unbedingt ausgeschlossen sein. Diese Fragen sind den zahlreich bestehenden sonstigen wirtschaftlichen, industriellen und technischen Vereinen und Verbänden zu überlassen.

Die Arbeitgeber gehören sehr verschiedenen Parteirichtungen an, daher sind ihre Ansichten bezüglich der vorerwähnten Fragen meist ebenso verschieden. Die beabsichtigte Zusammenfassung, wenn irgend tunlich, aller Arbeitgeber in den geplanten Verbänden und in diesen ein einmütiges Wirken würde sich als unmöglich herausstellen, wenn die Erörterung jener Fragen und Beschlußfassung über sie zu den Aufgaben der Arbeitgeberverbände gemacht werden sollte.

Die Organisation der Arbeitgeberverbände.

Bezüglich der Organisation sollte dem freien Ermessen und dem Urteil der Arbeitgeber über das Erfordernis ihrer speziellen Interessen ein tunlichst weites Bestimmungsrecht eingeräumt werden. Daher würde sämtlichen Arbeitgebern an einem Orte oder in einem Bezirke zu gestatten sein, sich zu einem Arbeitgeberverbande zusammen zu schließen. Vielleicht dürfte es zweckmäßig erscheinen, eine Einschränkung dahin zu treffen, daß solche allgemeinen Verbände in der Regel nicht über den Bezirk einer höheren Verwaltungsbehörde ausgedehnt werden. Da aber ziemlich abgeschlossene Industriebezirke nicht selten von den Grenzen höherer Verwaltungsbezirke durchschnitten werden, so dürfte eine unbedingte Anordnung in der vorerwähnten Beziehung nicht durchführbar sein. Daher müßten Ausnahmen von der Regel vorgesehen werden, über deren Gestattung, bis zur Konstituierung der Centralstelle, das gewählte Komitee, dann aber der Vorstand der Centralstelle zu befinden haben dürfte.

Den Arbeitgebern einer Industrie oder eines Industriezweiges sollte es freistehen besondere Verbände — Fachverbände — zu bilden, von denen die Arbeitgeber der betreffenden Industrien oder Industriezweige in einem Orte oder in größeren Bezirken oder im ganzen Reiche umfaßt werden.

Den für einen Ort oder für größere Bezirke gebildeten Verbänden dieser Art müßte es anheim gegeben werden, sich entweder unmittelbar der Centralstelle anzuschließen, oder sich vielleicht unter der Bezeichnung „Verein" mit den anderen Orts- oder Bezirksvereinen ihrer Art zu einem Verbande zusammenzuschließen und mittelbar durch diesen den Anschluß an die Centralstelle zu bewirken. In diesem Falle würde die Centralstelle nur mit dem betreffenden Verbande zu verkehren haben. Die Beziehungen zwischen dem Verbande und den von ihm umfaßten Orts- oder Bezirksvereinen wären durch besondere, unter sich festzustellende Satzungen zu regeln, die sich jedoch in grundsätzlicher Uebereinstimmung mit den Satzungen der Centralstelle befinden müßten. Diese grundsätzliche Uebereinstimmung muß bei den Satzungen aller Verbände vorausgesetzt werden.

Demgemäß würden die Arbeitgeberverbände zu organisieren sein, entweder als Lokalverbände oder als Industrie- beziehungsweise Fachverbände. Diese Art der Organisation dürfte sich vielleicht deswegen empfehlen, weil die sehr verschieden organisierten bereits bestehenden Arbeitgeberverbände sich, ohne durchgreifende Aenderung ihrer Verhältnisse, also am leichtesten, in die neue Organisation einfügen und ihren Anschluß an die Centralstellen bewirken könnten.

Es ist anzunehmen, daß bei der hier in Erwägung gezogenen Organisation Arbeitgeber vorhanden sein bezw. übrig bleiben werden, die weder von den Lokal- noch von den Industrieverbänden erfaßt werden können oder die sich diesen nicht anschließen wollen. In letzterem Falle, in dem die Vereinzelung lediglich auf den Willen des betreffenden Arbeitgebers zurückzuführen ist, müßte einer Instanz, etwa zunächst dem Komitee, dann dem Vorstande der Centralstelle, zustehen, darüber zu entscheiden, ob die Vereinzelung begründet ist, oder ob der betreffende Arbeitgeber anzuweisen sei, sich einem der gebildeten Verbände und welchem anzuschließen. Die Nichtbeachtung solcher Entscheidung würde einer Ablehnung des betreffenden Arbeitgebers, sich der neuen Organisation anzuschließen, gleichzuachten sein.

In dem andern Falle, wenn die Vereinzelung durch die Art des Zusammenschlusses der anderen Arbeitgeber bedingt ist, könnten zwei Wege zur Aufnahme des Betreffenden in die Gesamtorganisation eingeschlagen werden. Es könnte entweder der vorerwähnten oberen Instanz die Bestimmung darüber zugewiesen werden, welchem Verbande sich der Vereinzelte anzuschließen habe. In diesem Falle würde der betreffende Verband zur Aufnahme verpflichtet sein. Es könnte jedoch auch dem Vereinzelten freigestellt werden, sich unmittelbar der Centralstelle anzuschließen. Es dürfte nicht zu verkennen sein, daß dieses Auskunftsmittel die Organisation und den Geschäftsbetrieb der Centralstelle umständlicher gestalten würde. Dieser Umstand dürfte jedoch nicht allein entscheidend sein für die zweckmäßigste Art, in der diese Verhältnisse zu regeln wären.

Die Verwaltung der Lokal- bezw. Industrieverbände.

In dieser Beziehung bieten die Satzungen der bestehenden Arbeitgeberverbände, insbesondere diejenigen des „Gesamtverbandes Deutscher Metallindustrieller", Vorbilder, nach denen die Regelung der betreffenden Verhältnisse unschwer wird erfolgen können.

An den drei Organen, Versammlung der Mitglieder, Ausschuß und Vorstand dürfte festzuhalten sein.

Die Zuständigkeit der Versammlung der Mitglieder wird, abgesehen von der erstmaligen Aufstellung der Satzungen, wohl auf die Wahl der Mitglieder des Ausschusses zu beschränken sein. Es dürfte vielleicht zweckmäßig sein, die Wahl nur erstmalig auf ein Jahr, dann für einen längeren Zeitabschnitt, etwa auf drei Jahre, zu tätigen. Der Umstand, daß das öffentliche Leben, die Selbstverwaltung und der Zusammenschluß im geschäftlichen Interesse die Arbeitgeber in immer steigendem Maße in Anspruch nimmt, läßt es rätlich erscheinen, die weitere Inanspruchnahme für neue Gebiete auf das tunlichst geringste Maß zu beschränken.

Das Wahlrecht der einzelnen Arbeitgeber ist nach ihrer wirtschaftlichen Bedeutung zu regeln. Ueber den anzulegenden Maßstab dürften die Verbände selbst zu entscheiden haben. Dabei wird entweder die Durchschnittszahl der in einem Jahre oder in einer Campagne beschäftigten Arbeiter, oder die Summe der gezahlten Löhne oder die Produktion als Grundlage genommen werden können.

Dem Ausschuß dürften die folgenden Befugnisse zu übertragen sein: Die Wahl des Vorstandes und der anderen, zur Verwaltung und Geschäftsführung erforderlichen Organe, sofern deren Bestellung nicht satzungsgemäß dem Vorstande vorbehalten sein sollte. Die Feststellung der Beiträge, des Etats und der Verwaltungskosten, sowie die Prüfung und Abnahme der Rechnungen, die Beschlußfassung über Aenderung der Satzungen und Auflösung des Verbandes, in diesem Falle über die Verwendung der vorhandenen Vermögensbestände, die Erledigung der sonstigen, ähnlichen Ausschüssen gewöhnlich übertragenen formellen Angelegenheiten, die Mitwirkung bei Verfolgung des einzigen Zweckes des Verbandes, soweit sie dem Ausschuß durch die Satzungen zugewiesen ist.

Der Vorstand ist vom Ausschuß zu wählen. Die Wahlperioden dürften zweckmäßig wohl ebenso wie für den Ausschuß zu bemessen sein. Die Pflichten und Befugnisse des Vorstandes sind nach den vorliegenden Verhältnissen gegeben und nach Maßgabe der erwähnten Vorbilder unschwer zu regeln. Die Mitwirkung und die Befugnisse des Vorstandes bei Erfüllung des Zweckes des Verbandes sind, wie beim Ausschuß, besonders durch die Satzungen festzustellen.

Für die aus Lokal- und Fachvereinen bestehenden Verbände werden gewisse, jedoch wesentlich nur in formeller Beziehung geänderte Bestimmungen erforderlich sein, die hier einer näheren Besprechung nicht bedürfen.

Die Beiträge.

Für die Beitragsleistung werden Gesichtspunkte maßgebend sein, die von den bestehenden Arbeitgeberverbänden bisher nur vereinzelt berücksichtigt worden sind. Sie soll in Zukunft nicht auf die Deckung der Geschäfts- bezw. der Verwaltungskosten beschränkt sein, sondern der Erreichung des eigentlichen Zweckes der Verbände und ihrer Centralstelle in weiterem Umfange dienstbar gemacht werden. Bei der gegenwärtig hervorgetretenen starken, auf die Organisation der Arbeitgeber gerichteten Bewegung ist, im Hinblick auf den Fall Crimmitschau, das fast einmütige Verlangen hervorgetreten, die durch unberechtigte Bestrebungen der Arbeitnehmer in einen Ausstand oder in eine Aussperrung verwickelten Arbeitgeber im gegebenen Falle auch materiell zu unterstützen. Das soll hauptsächlich geschehen, um die Arbeitgeber, auch unter erschwerenden Umständen, in die Lage zu versetzen, dauernden Widerstand zu leisten und in jedem Falle und unbedingt die unberechtigten Ansprüche der Arbeiter und ihrer Organisationen zurückzuweisen.

Die Notwendigkeit solchen Vorgehens hat der Fall Crimmitschau erwiesen; es wurde jedoch als Mangel empfunden, daß keine Mittel bereits vorhanden waren, sondern daß deren Aufbringung erst eingeleitet werden mußte, als sich die Notwendigkeit ergab, sie zu besitzen. Daher wird geplant die Beiträge ausreichend zur Bestreitung der Verwaltungskosten und zur Ansammlung eines Vermögensstockes zu bemessen, dessen Bildung sowohl bei den einzelnen Verbänden, wie bei deren Centralstelle vorläufig in unbegrenzter Höhe in Aussicht genommen ist.

Die Grundlage für die Erhebung der Beiträge festzustellen, sollte den Verbänden überlassen bleiben. Wie bei der Bemessung des Wahlrechtes der einzelnen Mitglieder, so werden auch die Beiträge erhoben werden können entweder von der Kopfzahl der durchschnittlich im Rechnungsjahre beschäftigten Arbeiter oder in einem Prozentsatze von der im Jahre gezahlten Lohnsumme oder als Abgabe von einer gewissen Einheit der Gesamtproduktion des Jahres.

Aus dem Gesagten geht bereits hervor, daß die mit der Bildung und Verwaltung der Centralstelle verbundenen Unkosten und die zur Ansammlung eines Vermögensstockes bei der Centralstelle erforderlichen Beträge aufzubringen sein würden durch die von den einzelnen Verbänden zu leistenden Beiträge. Die Regelung dieser Beitragsleistung wird kaum größere Schwierigkeiten bereiten, sie werden sich aber bei Feststellung der Erhebungsart der Beiträge in den Orts- bezw. Bezirksverbänden bemerkbar machen, weil diese möglicherweise die verschiedensten Industrien umfassen. Diese Schwierigkeiten gehen aus dem Umstande hervor, daß die Zahl der Arbeiter oder die Summe der Löhne oder die Menge der Produktion bei den verschiedenen Industrien eine verschiedene Bedeutung haben kann und in der Tat auch hat. Von zwei Unternehmungen mit ähnlich gleicher Kapitalsanlage und nicht wesentlich verschiedenem Ertrage kann das eine, nach Maßgabe seiner Art, mit verhältnismäßig wenigen Arbeitern betrieben werden, während das anders geartete andere Unternehmen einer wesentlich größeren Arbeiterschaft bedarf. Für diese Betriebe wird die Erhebung des gleichen Betrages vom Kopfe der beschäftigten Arbeiter und auch des gleichen Prozentsatzes von der Lohnsumme einen durchaus verschiedenen Effekt haben. Es ist immerhin möglich, daß die Verschiedenheit der Wirkung bei Zugrundelegung der Lohnsummen nicht so erheblich sein wird, wie bei gleicher Bemessung des Beitrages nach der Arbeiterzahl. Denn es ist vielleicht anzunehmen, daß das Unternehmen, welches mit weniger Arbeitern den gleichen wirtschaftlichen Effekt erzielt, wie der andere, ihm wirtschaftlich gleichstehende Betrieb, der mehr Arbeiter benötigt, im Durchschnitt wohl auch wertvollere Arbeit verlangt und demzufolge auch höher bezahlte Arbeiter beschäftigen muß.

Es dürfte sehr schwer, wenn nicht unmöglich sein, eine vollkommene einwandfreie Formel für die Lösung dieser Schwierigkeit zu finden. Wenn diese Verschiedenheit in einem Verbande überhaupt zur Geltung gebracht werden sollte, so wird die Lösung wohl nur auf dem Wege gütlicher Vereinbarung, vielleicht unter Zugrundelegung der Zahl der Arbeiter, ihrer Löhne und des Verhältnisses der Löhne zu den gesamten Herstellungskosten, oder durch Feststellung seitens des obersten Verbandsorganes, oder durch den Schiedsspruch eines Kollegiums von Sachverständigen herbeigeführt werden können.

Die Beitragsleistung nach Maßgabe der Produktion wird wohl nur beim Bergbau, vielleicht auch bei gewissen Zweigen des Hüttenbetriebes anwendbar sein. Wo dies geschehen soll im Verbande mit anderen Industrien, wird der Ausgleich wohl auch nur in der vorbezeichneten Weise zu erreichen sein.

Es dürfte zweckmäßig sein, im Zusammenhange mit dem Vorstehenden hier auch die Beitragsleistung der Verbände an die Centralstelle zu erörtern. Sie dürfte zu erfolgen haben nach Prozenten von der Gesamtsumme der Beiträge, welche die Verbände von ihren Mitgliedern erheben; wie die Höhe des Prozentsatzes festgestellt werden soll, wird später zu erörtern sein.

Das Verfahren bei Behandlung der Arbeiterstreitigkeiten in den Verbänden.

Bei Erörterung der Frage, wie die Arbeiterstreitigkeiten von den Arbeitgeberverbänden zu behandeln seien, und in welcher Weise die Mitwirkung der von ihnen gebildeten Centralstelle stattzufinden hätte, muß zunächst der im Eingange des zweiten Abschnittes dieser Schrift besprochene Grundsatz als leitend wieder hervorgehoben werden. Er bedingt, daß Eingriffe in das Selbstbestimmungsrecht des einzelnen Arbeitgebers tunlichst zu vermeiden sind und nur insoweit zulässig erscheinen dürfen, als die Erfüllung des Zweckes der Arbeitgeberverbände es unbedingt erfordert.

Auch für die Behandlung der hier in Rede stehenden Streitigkeiten in den Verbänden fehlt es nicht an mustergültigen Vorbildern. Ein solches bietet das von durchgreifendem Erfolge begleitete, satzungsgemäß festgestellte Vorgehen des „Gesamtverbandes

Deutscher Metallindustrieller". Es in allen seinen Einzelheiten bei der nunmehr angestrebten allgemeinen Organisation der Arbeitgeber anzuwenden, dürfte jedoch kaum angängig erscheinen. Dem steht die große Verschiedenheit der gegebenen Verhältnisse entgegen.

Diese Verschiedenheit bedingt auch, daß hier kein bestimmtes, fest umgrenztes oder gar in Paragraphen zusammengesetztes Schema für das in Rede stehende Verfahren gegeben werden kann. Denn, abgesehen von dem Umstande, daß in dieser Schrift überhaupt keine bestimmten Vorschläge gemacht, sondern nur gewisse Anhaltspunkte gegeben werden sollen, so wird das Verfahren bei vorkommenden Arbeiterstreitigkeiten von den einzelnen Verbänden nach Maßgabe ihrer besonderen Verhältnisse und in gewissen Beziehungen abweichend von den allgemeinen Vorschriften geregelt werden müssen.

Allgemeine Grundsätze, die in gewissem Sinne die prinzipielle Stellung der deutschen Arbeitgeberschaft zu der hier vorliegenden höchst bedeutungsvollen Frage verkörpern und zum Ausdruck bringen, werden aber aufgestellt und beachtet werden müssen, wenn die Organisation der Arbeitgeber ihren Zweck unabwendbar verfolgen und erreichen soll. In dieser Schrift kann es sich lediglich um die Aufstellung gewisser Anhaltspunkte für die Betonung und Ausführung dieser Grundsätze handeln.

Die unbedingte Anwendung des von dem „Gesamtverbande der Metallindustriellen" eingeführten Verfahrens erscheint aus folgenden Gründen nicht gut möglich. Dieses Verfahren ist in sehr wesentlichen Punkten angewiesen auf die Mitwirkung der von dem Gesamtverbande und seinen Bezirksvereinen eingerichteten und ausschließlich in ihren Händen befindlichen Arbeitsnachweise. Die Organisation dieser Arbeitsnachweise ist so vorzüglich und deren Wirken so durchschlagend, daß die großen Erfolge des Gesamtverbandes wesentlich auf diese Institutionen zurückgeführt werden müssen.

Es kann keinem Zweifel unterliegen, daß bei der jetzt geplanten allgemeinen Organisation der Arbeitgeber den Arbeitsnachweisen, als wirkungsvollem Mittel zur Erreichung ihres Zweckes, volle Würdigung zu teil werden muß. Die einzelnen Arbeitgeberverbände werden daher die Errichtung von Arbeitsnachweisen mit Ernst und Ausdauer verfolgen müssen. Als selbstverständlich dürfte es anzusehen sein, daß die Centralstelle, nach ihrer Begründung, auch sofort zur Errichtung eines centralen Arbeitsnachweises wird schreiten müssen, schon um bezüglich der betreffenden Angelegenheiten den Verkehr zwischen den einzelnen Verbänden bezw. Arbeitsnachweisen zu vermitteln.

Die allgemeine Anerkennung dieses gegenüber den Arbeitsnachweisen eingenommenen Standpunktes vorausgesetzt, wird doch nicht angenommen werden können, daß alle neu zu begründenden Arbeitgeberverbände sofort zur Errichtung von Arbeitsnachweisen schreiten werden. Dies dürfte besonders von den Verbänden der sogenannten großen Industrien kaum zu erwarten sein.

Bisher ist in den großen Werken die Entlassung und Einstellung von Arbeitern auf ganz anderer Grundlage geregelt gewesen. Nur in den seltensten Fällen und ausnahmsweise wird der oberste Leiter des Werkes, der eigentliche Arbeitgeber, mit dieser Angelegenheit befaßt; in der Regel ist es Sache der einzelnen Abteilungschefs oder sogar der Meister, für die regelmäßige und zweckentsprechende Besetzung des ihnen unterstellten Betriebes mit Arbeitern zu sorgen. Sie haben gewöhnlich freie Hand zu entlassen und einzustellen, und nur selten treten diese Sachen zur Entscheidung an den Arbeitgeber heran. Bei einzelnen ganz besonders tief in die Arbeiterverhältnisse eingreifenden Vorkommnissen hat zwar zwischen den Arbeitgebern einzelner Zweige der Großindustrie eine Verständigung über die Entlassung bezw. Einstellung von Arbeitern stattgefunden, sie hat aber nicht zu dauernden Einrichtungen dieser Art geführt. Es ist zu hoffen, daß der Zusammenschluß aller Arbeitgeber auch in der Großindustrie die Erkenntnis von der Notwendigkeit Arbeitsnachweise einzurichten, fördern wird.

Tatsache ist es aber, daß in dem allergrößten Teile der bezeichneten Betriebe bisher das Bedürfnis, solche Einrichtungen zu treffen, nicht vorhanden gewesen ist. Von diesen Erwägungen ausgehend werden die Grundsätze für das in Rede stehende Verfahren so aufgestellt werden müssen, daß letzteres, wenigstens vorläufig, auch ohne das Bestehen von Arbeitsnachweisen durchführbar erscheint.

Die Einrichtung des Verfahrens unbedingt nach den in den Satzungen des Gesamtverbandes der Metallindustriellen getroffenen

Bestimmungen dürfte auch deswegen undurchführbar erscheinen, weil die neue Organisation der Arbeitgeber auch die materielle Unterstützung der von einem Ausstande betroffenen Arbeitgeber in Aussicht nimmt. In dem Gesamtverbande ist eine solche Art der Hilfeleistung nicht vorgesehen. Er scheint das Hauptgewicht auf die tunlichst schnelle Beendigung der Ausstände zu richten und hat das Ziel tatsächlich dadurch erreicht, daß die von ihm umfaßten Betriebe durch zweckentsprechende Maßnahmen und wohl auch mit Hilfe der Arbeitsnachweise für alle ausständigen Arbeiter gesperrt werden.

Es könnte angenommen werden, daß durch dieses Verfahren, wenn es gleich willig und genau, wie in dem Gesamtverbande der Metallindustriellen, von der gesammten Arbeitgeberschaft in ihren Verbänden durchgeführt wird, die Möglichkeit eines Zustandes überhaupt ausgeschlossen werden könnte, der die materielle Unterstützung der vom Ausstande betroffenen Arbeitgeber zweckmäßig oder notwendig macht. Dem gegenüber ist jedoch auf die aus dem Fall Crimmitschau zu ziehenden Lehren hinzuweisen.

Dieser Fall zeigt zum ersten Mal das geschlossene Auftreten der gesammten Sozialdemokratie gegen die sämtlichen Arbeitgeber eines immerhin nicht unbedeutenden Industrieplatzes. Die Führer der Partei, die den Kampf von langer Hand vorbereitet hatten, brachen ihn unerwartet und bedingungslos ab. Dazu mögen sie, neben den anderen Umständen, zu denen besonders das solidarische Auftreten der Arbeitgeber im ganzen Reiche zu rechnen ist, veranlaßt worden sein durch die Erschöpfung der ihnen von der Arbeiterschaft zur Verfügung gestellten Mittel. Das bedeutet keineswegs die Erschöpfung der in der Sozialdemokratie überhaupt vorhandenen Mittel. Soweit bekannt hatten die sozialdemokratischen Gewerkschaften aus ihren Vermögensbeständen noch nichts für Crimmitschau hergegeben. In diesen Beständen befinden sich aber Millionen.

Die Kraft der sozialdemokratischen Gewerkschaften ist unverkennbar in der Zunahme begriffen. Sie wird weiter wachsen auf ihrem von der Gesetzgebung befruchteten Boden. In der Sitzung des Reichtages vom 30. Januar d. J. hat der Staatssekretär des Innern Graf von Posadowsky die Geneigtheit der

Verbündeten Regierungen verkündet, unter gewissen Einschränkungen den Gewerkschaften die Rechtsfähigkeit zu verleihen. Auch die Erfüllung anderer alter Forderungen der Sozialdemokratie, wie ein weiterer Ausbau der Arbeitervertretung, ist in Aussicht gestellt worden.

Die Vermutung liegt sehr nahe, daß das durch die letzten Siege bei den Reichstagswahlen so sehr gehobene Selbstgefühl der Sozialdemokraten durch die ihnen vom Regierungstische gemachten Aussichten noch mehr gesteigert werden und die in Crimmitschau erlittene Niederlage bald vergessen machen wird. Von ihren Zielen hat sie nichts aufgegeben. Das beweisen die Aeußerungen der gesamten sozialdemokratischen Presse; aber jeden noch möglichen Zweifel zerstreuen die energischen Zwischenrufe, mit denen die Sozialdemokraten im Reichstage die am 29. Januar gehaltene Rede des Abgeordneten Lehmann über den Ausstand in Crimmitschau begleiteten. Sie sind in hohem Grade beachtenswert.

Alle diese Verhältnisse drängen zu der Annahme, daß die Sozialdemokratie es an neuen Kraftproben gegenüber den Arbeitgebern nicht fehlen lassen wird, die besser vorbereitet sein werden und bei denen sie für den Sieg alle ihre Machtmittel einsetzen wird.

Solchen Kämpfen gegenüber, denen die Industrie sicher entgegen geht, dürften die bisherigen Mittel wohl nicht mehr genügen, auch wenn sie sich so vorzüglich, wie diejenigen des Gesamtverbandes der Metallindustriellen bewährt haben. Es wird weiterer Fürsorge und der umfassenden Machtentfaltung bedürfen, die von der Gesamtorganisation der Arbeitgeber in Aussicht genommen worden ist und sicher durchgeführt werden wird.

Nach alledem dürfte es gerechtfertigt erscheinen, bei Aufstellung der Grundzüge für das Verfahren von dem so sehr anzuerkennenden Vorbilde in gewissen Beziehungen abzuweichen und neue Wege einzuschlagen.

Im allgemeinen werden sich die Arbeitgeberverbände nur mit solchen Arbeiterstreitigkeiten beschäftigen, die in dem Rahmen des Zweckes der Verbände liegen.

In Anlehnung an die Satzungen des Gesamtverbandes der Metallindustriellen beginnt die hier gegebene Formel für die Bezeichnung des Zweckes mit den Worten „unberechtigte Bestrebungen der Arbeiter und ihrer Organisationen u. s. w." Diese Fassung führt zu dem logischen Schlusse, daß, wenn seitens der Arbeiter bezw. ihrer Organisationen Bestrebungen hervortreten oder Ansprüche erhoben werden, die Anlaß zum Streit oder zum Ausstande geben könnten oder beides bereits herbeigeführt haben, eine Prüfung stattfinden müsse, ob die Bestrebungen unberechtigt oder berechtigt seien. Denn nur wenn die Bestrebungen und Ansprüche der Arbeiter unberechtigt sind, haben sich die Verbände mit ihnen zu beschäftigen.

Wenn solche Prüfung als notwendig anerkannt werden sollte, so würde zu bestimmen sein, wer sie auszuführen habe. Zu diesem Zweck könnte der Ausschuß ermächtigt werden, aus den Mitgliedern des Verbandes eine oder, je nach der räumlichen Ausdehnung des Verbandes, mehrere Schiedskommissionen einzusetzen.

Bei der großen Bedeutung der hier zu entscheidenden Frage würde es geboten erscheinen, dem Spruche der Schiedskommission nicht endgültige Kraft beizulegen, sondern Berufung an den Vorstand zu gestatten. Von diesem Spruche könnten aber so weitverzweigte und bedeutungsvolle Interessen berührt werden, daß die dem Vorstande auferlegte Verpflichtung, endgültig zu entscheiden, diesem eine zu schwerwiegende Verantwortung aufbürden würde. Wenn die Mehrheit des Vorstandes dies erkennen sollte, so könnte sie berechtigt werden, die Entscheidung dem Vorstande der Centralstelle zu übertragen. Das ganze Verfahren in allen Instanzen würde selbstverständlich durch die Satzungen oder Geschäftsordnungen genau zu regeln sein.

Ob es zweckmäßig wäre, den, bereits im Eingange des zweiten Abschnittes dieser Schrift besprochenen, von der Mehrzahl der größeren Arbeitgeber bisher festgehaltenen Grundsatz, in Sachen des Arbeitsvertrages nur mit den eigenen Arbeitern zu verhandeln, in irgend einer Weise als Richtschnur festzustellen, würde ernster Erwägung bedürfen. Dabei würde unbedingt zu berücksichtigen sein, daß bereits bestehende Arbeitgeberverbände, zu denen sehr bedeutende Betriebe gehören, die Verhandlung mit Vertretern der Arbeiterschaft im ganzen Verbande nicht nur nicht ausgeschlossen, sondern bestimmt vorgesehen haben.

Bei allen Streitigkeiten, sie mögen einen oder mehrere Arbeitgeber oder ganze Gruppen von Arbeitgebern betreffen, dürfte vorerst jede Einmischung des Verbandes auszuschließen sein. Das Selbstbestimmungsrecht der Arbeitgeber erfordert, es ihnen zu überlassen, den Streit durchzuführen, wenn sie glauben, es aus eigener Kraft tun zu können. Es wären aber vielleicht Vorkehrungen zu treffen zur Verhinderung einer Durchführung des Streites, die geeignet ist oder sein könnte, die allgemeinen Interessen der Arbeitgeber zu gefährden. Zu diesem Zwecke könnten daher vielleicht alle Mitglieder des Verbandes verpflichtet werden, den Ausbruch eines Streites beim Vorstande zu melden, fortgesetzt über den Verlauf, besonders über die Bedingungen, unter denen er geschlichtet werden soll, und über das Ende des Streites zu berichten. Solche Meldungen würden auch erforderlich sein zur Erstattung von Berichten und Führung statistischer Nachweise.

Sollte der Vorstand erkennen, daß der vorerwähnte Fall — die Gefährdung der allgemeinen Interessen der Arbeitgeber — vorliege, so müßte er zum Eingreifen berechtigt sein. Solcher Eingriff könnte in der Weise geregelt werden, daß der Vorstand die Schiedskommission mit der Untersuchung des Falles beauftragt, über deren Bericht bezw. Antrag beschließt und den oder die betreffenden Arbeitgeber auffordert, den Beschluß zur Ausführung zu bringen. Es bliebe zu erwägen, ob den betroffenen Arbeitgebern die Berufung an den Vorstand der Centralstelle einzuräumen sei.

Abgesehen von dem vorerwähnten Falle, der, wie alle hier hervorgehobenen Punkte, lediglich zur Erörterung gestellt ist, sollte das Eingreifen des Verbandes erst nach Anruf der in einen Streit verwickelten Arbeitgeber erfolgen dürfen.

Sorgfältig wird hierbei die Frage erwogen werden müssen, ob, bevor der Anruf seitens der Arbeitgeber stattgefunden hat, den im Streite befindlichen Arbeitern das Recht eingeräumt werden soll, bei dem Vorstande des Verbandes den Antrag auf Vermittlung zu stellen. Sollte eine solche, in den Satzungen der Arbeitgeberverbände vorkommende Bestimmung für angebracht erachtet werden, würde dem Antrage der Arbeiter auf Einleitung des Vermittlungsverfahrens nur unter Zustimmung des betreffenden Arbeitgebers Folge zu geben sein. Mit der Vermittlung könnte die Schiedskommission betraut werden.

Dem Anruf würde zunächst das Prüfungsverfahren hinsichtlich der Frage zu folgen haben, ob die Bestrebungen bezw. die Ansprüche der Arbeiter berechtigt oder unberechtigt seien. Würde endgültig auf „berechtigt" erkannt sein, so müßte der betreffende Arbeitgeber angehalten werden, den Bestrebungen der Arbeiter nachzugeben bezw. ihre Ansprüche zu erfüllen.

Hat das Prüfungsverfahren den Spruch „unberechtigt" ergeben, so würde die Hilfstätigkeit des Verbandes eintreten. Bei dem Folgenden ist Voraussetzung, daß der Streit zum Ausstande der Arbeiter geführt hat.

Die Hilfstätigkeit würde in verschiedenen Abstufungen erfolgen können. Sie würde zunächst bestehen in Sperrung der gleichartigen oder aller dem Verbande angehörigen Betriebe für die ausständigen Arbeiter. Gleichzeitig würde durch Vermittlung der Centralstelle die Sperrung in allen übrigen Verbänden zu bewirken sein. Die Durchführung dieses Verfahrens sollte wohl zunächst Aufgabe der Arbeitsnachweise sein. Es würde aber auch eine Form gefunden werden können, welche die Durchführung dieser Maßregel auch in solchen Verbänden sichert, die einen Arbeitsnachweis nicht eingerichtet haben.

Zweitens würde als Hilfstätigkeit eintreten können die Aussperrung nicht unmittelbar in den Streit verwickelter und daher nicht ausständiger Arbeiter, entweder aus den gleichartigen Betrieben oder aus allen Betrieben, die dem Verbande angehören. Demgemäß könnte die Aussperrung erfolgen entweder für die in einem Ort oder in einem Bezirk oder auch, wenn ein Industrieverband in den Ausstand verwickelt ist, im ganzen Reiche befindlichen Betriebe.

Ist der die Aussperrung verhängende Verband überzeugt, daß die Ausführung dieser Maßregel seitens der gleichartigen oder aller der dem Verbande angehörigen Betriebe nicht genügt, um den beabsichtigten Zweck zu erreichen, so würde er bei der Centralstelle zu beantragen haben, daß diese die von dem beantragenden Verbande besonders zu bezeichnenden Verbände auffordert, die Aussperrung in dem gleichfalls zu bezeichnenden Umfange vorzunehmen. Jeder Verband würde darüber zu beschließen haben, ob der Aufforderung nachzukommen sei. Sollte sie abgelehnt werden und der von dem Ausstand betroffene Verband seinen bei der Centralstelle eingebrachten Antrag aufrecht erhalten, so könnte die endgültige Entscheidung der Delegiertenversammlung der Centralstelle zugewiesen werden. Dieser Entscheidung würden sich die Parteien zu fügen haben.

Hin und wieder wird die Ansicht vertreten, daß Aussperrungen tunlichst vermieden werden sollten, da sie Steigerung der Löhne zur Folge hätten und dadurch in ihrem Endergebnis zum Nachteil für die Arbeitgeber ausschlagen. Den Ausständen der Arbeiter wird eine entgegengesetzte Wirkung zugeschrieben. Beides ist in gewissem Grade richtig. Ein Ausstand der Arbeiter bewirkt fast regelmäßig den Zuzug von Arbeitswilligen von auswärts. Eine Abwanderung der alt eingesessenen Arbeiter findet erfahrungsgemäß nur in geringem Maße statt. Nach Beendigung des Ausstandes finden die Ausständigen entweder ihre Plätze besetzt, sie bleiben daher vorläufig erwerbslos, oder sie werden angenommen und die auf ihren Plätzen befindlichen, zugezogenen Arbeitswilligen entlassen. Diese haben häufig nicht die Mittel, vielleicht auch nicht die Neigung, den neuen Heimatsort zu verlassen. Sie in Gemeinschaft mit den nicht wieder eingestellten alten Arbeitern bilden ein Kontingent Beschäftigungsloser, das einen drückenden Einfluß auf die Löhne ausübt.

Bei den Aussperrungen vollzieht sich der Vorgang anders. Ein Zuzug von Arbeitswilligen findet nicht statt, da in den betreffenden Abteilungen der Betriebe oder in ihnen überhaupt nicht gearbeitet wird; dagegen wandert, wie auch bei den Ausständen, ein gewisser Prozentsatz der Arbeiter, vorzugsweise der jüngeren, ab. Diese fehlen nach Aufhebung der Sperre. Es tritt somit zunächst Arbeitermangel ein, der zur Steigerung der Löhne beitragen kann.

In der Praxis wird sich dieser Vorgang jedoch kaum fühlbar machen. Wenn ein Ausstand oder eine Aussperrung längere Zeit gedauert hat, so sind die Arbeitgeber gewöhnlich nicht in der Lage, die Betriebe sofort wieder voll aufzunehmen. Das bestätigt auch der Fall Crimmitschau. Der Bedarf an Arbeitern wird daher nach Beendigung der Aussperrung gewöhnlich nicht so groß sein, wie vor deren Beginn. Dazu kommt ferner, daß die Sperrung der anderen Betriebe für die ausständigen oder ausgesperrten Arbeiter den Abzug dieser doch wesentlich einschränkt. Dann würde der vorerwähnte Einwand gegen Aussperrungen an sich hin fällig sein.

Andererseits ist nicht zu verkennen, daß sich die Aussperrung als wirkungsvollstes Mittel gegen die von der Sozialdemokratie besonders bevorzugte Kampfesweise bewährt hat. Die Gewerkschaften suchen Ansprüche, die von den Arbeitern einer gewissen Anzahl gleichartiger Betriebe oder von Arbeitern, die nur in einem bestimmten Fache in mehreren Fabriken beschäftigt werden, derart durchzusetzen, daß der Ausstand zunächst bei einem Arbeitgeber angestiftet wird. Dabei verfolgen sie die Absicht, wenn dieser niedergekämpft ist, den Ausstand in der nächsten Fabrik und so fort nach und nach bei den anderen durchzuführen. Ganz richtig wird dabei spekuliert, daß der vereinzelte Arbeitgeber leichter und mit geringeren Opfern für die Sozialdemokratie zu bezwingen sei und zwar deswegen, weil der größte Teil der an der Frage beteiligten Arbeiter ruhig fortarbeitet und verdient, daher in der Lage ist, die im Kampfe stehende Minderheit ihrer Genossen wirkungsvoll zu unterstützen. Auch in Crimmitschau wurde versucht, diesen beliebten Trick anzuwenden, nur sollte bei dem verhältnismäßig geringen Umfange der meisten der dortigen 83 Betriebe der Ausstand gleichzeitig in fünf Fabriken beginnen. Als die dortigen Arbeitgeber sich aber entschlossen zeigten, dieses bekannte Manöver zu durchkreuzen, wurden die Arbeiter von ihren Führern angewiesen, in der Gesamtheit die Arbeit niederzulegen.

Demgemäß dürfte im angegebenen Falle auf die Aussperrung als Hilfstätigkeit nicht verzichtet werden können.

Als dritte Hilfstätigkeit würde die materielle Unterstützung in barem Gelde einzutreten haben. Der Betroffene hätte beim Vorstand des Verbandes den Antrag auf Unterstützung zu stellen. Diesem würde die Pflicht obliegen, die Verhältnisse genau zu prüfen und in begründeter Vorlage beim Ausschuß des Verbandes entweder die Ablehnung des Anspruches oder die Bewilligung und die Bestimmung über die Höhe, Dauer und die Art der Verwendung der Unterstützung zu beantragen.

Zunächst muß hier nachgeholt worden, daß allen Verbänden zur Pflicht gemacht werden sollte, in ihren Satzungen eine Bestimmung aufzunehmen, nach der Mitglieder des Vorstandes, des Ausschusses oder eines sonstigen Organs des Verbandes, wenn sie selbst von dem Streitfalle oder dem Ausstande betroffen sind, in der eigenen Sache kein Stimmrecht haben.

Diese naheliegende und gerechtfertigte, auch in den Satzungen des Gesamtverbandes Deutscher Metallindustrieller enthaltene, für seine Bezirksverbände bindende Bestimmung könnte den Anlaß zu eigentümlichen Verhältnissen geben.

Es ist wohl möglich, daß die Mehrzahl der Mitglieder oder auch alle Mitglieder der Organe des Verbandes von einem Ausstande betroffen worden sind; dasselbe kann stattfinden mit Bezug auf alle Mitglieder des Verbandes überhaupt. In solchem Falle würde, unter der Wirkung der vorangeführten satzungsgemäßen Bestimmung, wenn die Mehrheit in den Ausstand verwickelt und dadurch ihres Stimmrechtes beraubt wäre, die Minderheit zu beschließen haben. Wenn der Ausstand alle Mitglieder des Verbandes betroffen hat, würde überhaupt kein Beschluß gefaßt werden könneu. Eins ist so unzulässig wie das andere.

Diese Schwierigkeiten könnten leicht dadurch überwunden werden, daß von der in Rede stehenden, satzungsgemäßen Bestimmung Abstand genommen würde. Dieses Auskunftsmittel würde jedoch auch zu unhaltbaren Zuständen führen, denn damit würde die Möglichkeit gegeben sein, daß eine vom Ausstande betroffene Mehrheit ungerechtfertigt im eigenen, vielleicht selbstsüchtigen Interesse über die Mittel des Verbandes verfügt, demgemäß auch über die von der Minderheit im Gesamtinteresse der Mitglieder des Verbandes aufgebrachten Beträge.

Dieser Schwierigkeit könnte vielleicht begegnet werden durch eine satzungsgemäße Bestimmung des Inhalts, daß Vorstand und Ausschuß des Verbandes nur berechtigt seien, sich mit der Frage der materiellen Unterstützung der von einem Ausstande betroffenen Mitglieder zu befassen, wenn nur ein, von der Mehrheit aller Stimmen ziemlich entfernt liegender Prozentsatz der Stimmen wegen des Interesses in eigener Sache gezwungen wäre, sich des Stimmrechtes zu enthalten. Im anderen Falle würde der Antrag auf Unterstützung an den Vorstand der Centralstelle gehen. Dieser würde die Prüfung des Falles vorzunehmen bezw. zu veranlassen und je nach dessen Bedeutung entweder selbst zu beschließen oder den Fall der Versammlug der Delegierten zur Beschlußfassung zu überweisen haben. Der Begriff der Bedeutung könnte festgestellt werden durch die Nennung einer Summe, so daß, wenn die beantragte, für eine gewisse Zeit, also etwa wöchentlich zu zahlende Unterstützung diese Summe nicht erreicht, der Vorstand, wenn sie erreicht bezw. überschritten wird, die Versammlung der Delegierten zu entscheiden haben würde.

Die vorliegende Frage ist hier so eingehend erörtert worden, um den Versuch zu machen, das Selbstbestimmungsrecht der Verbände so weit als tunlich zu wahren. Angesichts der dabei hervortretenden Schwierigkeiten würde aber wohl zu erwägen sein, ob die Frage der materiellen Unterstützung der in den Ausstand verwickelten Arbeitgeber nicht ein für alle mal der Centralstelle zur Entscheidung zu überweisen sein würde. Dafür spräche vielleicht noch der weitere Umstand, daß die Centralstelle doch so wie so dazu gelangen könnte, sich eingehend mit dem Fall zu beschäftigen und über ihn zu entscheiden.

Unverkennbar ist die Organisation der Arbeitgeberverbände bisher so gedacht worden, daß, wenn die Mittel eines Verbandes nicht mehr ausreichen sollten, die mehrerwähnten unberechtigten

Bestrebungen und Ansprüche der Arbeiter zurückzuweisen, die Centralstelle mit ihren Mitteln einzutreten haben würde, um die Erreichung des Zweckes des Verbandes zu sichern, des Zweckes, zu dessen Erreichung allein alle Verbände und die Centralstelle gebildet worden sind. Auch hier könnte der Fall als gegeben zu erachten sein, in dem hinter die Interessen der Gesamtheit das Interesse des einzelnen Verbandes zurücktreten sollte, und zwar in der Form des Verzichtes auf das Selbstbestimmungsrecht in der vorliegenden Sache.

Diese Auffassung würde vielleicht noch weiter durch die Erwägung gestützt werden, daß ein Ausstand, der die materielle Unterstützung der betroffenen Arbeitgeber erfordert, eine außergewöhnliche Bedeutung erlangt haben muß. Wird mit der materiellen Unterstützung einmal begonnen, so ist deren Ausdehnung nach Umfang und Dauer nicht zu übersehen. Bei dem großen Ernst dieser Lage und der mit der Entscheidung verbundenen weittragenden Verantwortung dürfte es wohl zu rechtfertigen sein, wenn die Entscheidung, abgesehen vielleicht von den Fällen leicht zu erkennender Geringfügigkeit, in die Hände der Delegierten aller Verbände, das heißt in die Delegiertenversammlung der Centralstelle gelegt wird.

Es ist wohl selbstverständlich, daß die Bedingungen, unter denen das Ende eines Ausstandes, bei dem die materielle Unterstützung der betroffenen Arbeitgeber notwendig geworden ist, nur mit Zustimmung der Centralstelle festgesetzt werden sollten; die Beschlußfassung darüber könnte der Schiedskommission der Centralstelle übertragen und Berufung an den Vorstand eingeräumt werden.

Auffüllung des Vermögensstockes.

Wenn der Vermögensstock eines Verbandes durch Aufwendungen zur Erreichung seines Zweckes stark vermindert oder gänzlich aufgebraucht sein sollte, so würde der Ausschuß zu ermächtigen sein, auf Antrag des Vorstandes oder aus eigener Initiative besondere Beiträge zur Auffüllung des Vermögensstockes von den Mitgliedern des Verbandes zu erheben.

Sicherung des Bestandes und der Wirksamkeit der Verbände.

Jede Organisation, die nicht nur sozusagen auf dem Papier stehen, sondern ihren Zweck wirkungsvoll verfolgen und erreichen soll, muß mit Sicherheit auf die unweigerliche strenge Erfüllung aller den Mitgliedern auferlegten Pflichten und Verbindlichkeiten rechnen können. Die Erfahrung hat gelehrt, daß dieses Ziel auf dem Wege freiwilliger Vereinbarung nicht immer zu erreichen ist. In einem Konflikt zwischen den eigenen Interessen und denen der Gesamtheit siegen wohl zuweilen die ersteren. Unter Umständen kann ein solcher Sieg, besonders in der Wiederholung und Ausbreitung der Fälle, nicht nur die Erreichung des Zweckes der Organisation gänzlich vereiteln, sondern auch das sie zusammenfassende Band sprengen. Daher muß, um die Erreichung des Zweckes in dieser Beziehung zu sichern, ohne Ansehen der Sache oder der Person, Zwang walten.

Solcher Zwang könnte in dem vorliegenden Falle geübt werden durch die jedem Mitgliede aufzulegende Verpflichtung, beim Eintritt in den Verband einen Solawechsel bei der Bank des Verbandes niederzulegen. Als Grundzahl für die Höhe des Betrages des Wechsels könnte der Jahresbeitrag des Mitgliedes angenommen werden.

Die Nichterfüllung der den Mitgliedern durch die Satzungen des Verbandes auferlegten Verpflichtungen müßten mit satzungsgemäß festgestellten Geldstrafen geahndet werden, deren Entrichtung durch das Recht, über den Wechsel zu verfügen, sicher zu stellen wäre. Das Verfügungsrecht könnte dem Vorsitzenden des Vorstandes in Verbindung mit zwei anderen Mitgliedern des Vorstandes des Verbandes erteilt werden.

Die Centralstelle der Arbeitgeberverbände.

Bei den bisher stattgefundenen neueren Erörterungen über die Begründung von Arbeitgeberverbänden ist ohne Widerspruch anerkannt worden, daß eine Zusammenfassung der einzelnen Verbände durch eine organische Verbindung erforderlich sei. Diese soll geschaffen werden durch eine alle Verbände zusammenschließende Centralstelle der Arbeitgeberverbände.

Der Zweck dieser Centralstelle würde sein, nach Maßgabe der ihr satzungsgemäß erteilten Befugnisse alle Maßregeln zu treffen, die erforderlich sind, um die Erreichung des Zweckes der Arbeitgeberverbände zu fördern und zu sichern.

Es würde zu erwägen sein, ob der Centralstelle beziehungsweise ihren Organen etwa die nachfolgend angeführten Befugnisse zu erteilen wären. Dabei sollen nur die hauptsächlichsten Punkte angedeutet werden:

1. Die endgültige Entscheidung über die Abgrenzung der Verbände;
2. die Entscheidung über die Aufnahmen in der Organisation der durch die Bildung der Verbände vereinzelten Arbeitgeber, entweder durch Zuweisung zu einem Verbande oder durch Aufnahme in eine von der Centralstelle besonders für die Vereinzelten zu bildende Organisation;
3. die letztinstanzliche Entscheidung über die von den einzelnen Mitgliedern an ihre Verbände zu zahlenden Beiträge, eventuell unter Zuziehung von Schiedsrichtern;
4. die Festsetzung des von jedem Verbande an die Centralstelle abzuführenden Beitrages nach Prozenten von der Summe der Beiträge, welche der Verband von seinen Mitgliedern erhält;
5. die endgültige Entscheidung über die Frage, ob die Bestrebungen und Ansprüche der Arbeiter im Streitfalle als berechtigt oder unberechtigt anzusehen sind;
6. die endgültige Entscheidung darüber, ob die vom Ausstande nicht betroffenen Verbände die Sperrung ihrer Betriebe für die in einem anderen Verbande ausständigen Arbeiter vornehmen, oder ihre eigenen arbeitswilligen Arbeiter, zur Unterstützung der in den Ausstand verwickelten Arbeitgeber eines anderen Verbandes, aussperren sollen;
7. in allen Fällen die Bestimmung darüber, ob seitens des Verbandes die materielle Unterstützung der von einem Ausstande betroffenen Arbeitgeber einzutreten habe, bezw. über den Zeitpunkt des Eintrittes der Unterstützung, deren Höhe, deren Dauer und deren Verwendung;

8. die Entscheidung darüber, wann und in welcher Höhe, für welche Dauer und zu welcher Verwendung die materielle Unterstützung seitens der Centralstelle einzusetzen habe, wenn die Mittel des betreffenden Verbandes erschöpft sind;
9. endgültig die Bedingungen für die Beendigung des betreffenden Ausstandes festzustellen;
10. die Vermittlung in allen erforderlichen und geeigneten Angelegenheiten zwischen den einzelnen Verbänden und deren Gesamtheit.

Aus den Betrachtungen über die eventuell für die Organisation und Tätigkeit der Verbände aufzustellenden Grundzüge würden noch einige weitere Befugnisse für die Centralstelle hervorgehen, die, als weniger erheblich, hier nicht besonders aufzuführen sind.

Mitgliedschaft.

Mitglieder der Centralstelle können werden:

1. Alle Arbeitgeberverbände, deren Satzungen und Zweck nicht im Widerspruch stehen mit den Satzungen der Centralstelle und den von ihr verfolgten Zwecken;
2. die durch die Verbandsbildung vereinzelten Arbeitgeber.

Es dürfte zweckmäßig sein, hier gleich zu erörtern, wie der Anschluß dieser Vereinzelten an die Centralstelle ausgeführt werden könnte.

Diese Arbeitgeber in der Centralstelle zu einem Verbande zusammen zu fassen oder ihnen eine ähnliche Organisation zu geben, dürfte unpraktisch sein. Schon der große Raum, auf den sie sich verteilen, stände einer solchen Regelung entgegen. Die Centralstelle wird daher zu ihnen in das Verhältnis treten müssen, das der Verband zu seinen Mitgliedern einnimmt. Die Centralstelle wird die ihr unmittelbar zufließenden Beiträge der Vereinzelten nach denselben Grundsätzen bemessen, wie sie von den Verbänden für deren Mitglieder festgestellt werden. In die wirtschaftlichen Kämpfe dieser Mitglieder wird sie nur auf deren Anruf einzugreifen haben, dann aber so handeln müssen, wie es in gleichen Fällen den Organen der Verbände vorgeschrieben ist. Bezüglich aller zur Erreichung des Zweckes der Arbeitgeberverbände erforderlichen

Maßnahmen hat die Centralstelle die betreffenden Schritte bei diesen Mitgliedern einzuleiten bezw. aus eigener Initiative oder auf Antrag deren Interessen zu vertreten. Eine Vertretung ihrer Interessen in der Versammlung der Delegierten ist diesen Mitgliedern zu sichern. Vielleicht könnte bestimmt werden, daß auf Antrag einer gewissen Anzahl dieser Mitglieder die Centralstelle zu verpflichten sei, eine allgemeine Versammlung der Vereinzelten zur Wahl ihres oder ihrer Delegierten zu berufen. Die Vertretung in der Versammlung der Delegierten würde nach der Summe der von diesen Mitgliedern gezahlten Beiträge zu bemessen sein. Ist die Abhaltung einer allgemeinen Versammlung nicht beantragt, so würde sich wohl ein Verfahren für die Wahl der Delegierten auf schriftlichem Wege feststellen lassen. Der Centralstelle müßte vorbehalten bleiben, eine besondere Stelle zur Verwaltung der Angelegenheiten dieser Mitglieder einzusetzen.

Organisation.

Die Organe der Centralstelle sind:

1. Die Versammlung der Delegierten der Verbände und der vereinzelten Arbeitgeber;
2. der Vorstand.

Die Versammlung der Delegierten.

Bei Bemessung des Wahlrechts der einzelnen Mitglieder in den Verbänden soll der verschiedenen wirtschaftlichen Bedeutung derselben Rechnung getragen werden. Ebenso dürfte es erforderlich erscheinen, die verschiedene wirtschaftliche Bedeutung der Verbände dadurch zum Ausdruck zu bringen, daß die Zahl der von ihnen zu entsendenden Delegierten nach Maßgabe ihrer Bedeutung verschieden bemessen wird. Als Maßstab könnte wohl nur die Höhe des Beitrages dienen, der von dem Verbande an die Centralstelle abgeführt wird. Dabei könnte eine Einheitszahl festgesetzt werden, die zu der Entsendung eines Delegierten berechtigt. Diese Einheitszahl in die Summe des von dem Verbande an die Centralstelle abgeführten Betrages dividiert, würde die Zahl der Delegierten ergeben, die der Verband zu entsenden berechtigt sein würde. Verbänden, die die Einheitszahl nicht erreichen, könnte die Berechtigung erteilt werden, sich zur Entsendung von Delegierten zu vereinigen.

Die Delegierten der einzelnen Verbände bilden die Delegiertenversammlung der Centralstelle.

Die Befugnisse der Delegiertenversammlung würden in der Hauptsache sein:

1. Die Festsetzung bezw. Aenderung der Satzungen der Centralstelle;
2. die Wahl des Vorstandes;
3. die Feststellung der von den Verbänden zu leistenden Beiträge;
4. die in bedeutenderen Fällen erforderliche Entscheidung über die Gewährung einer materiellen Unterstützung an die von einem Ausstand bedrängten Arbeitgeber; die endgültige Entscheidung über Aussperrungen;
5. die Erhebung von außerordentlichen, von den Verbänden zu leistenden Beiträgen zur Anfüllung des Vermögensstockes der Centralstelle;
6. die Beschlußfassung über die Auflösung der Centralstelle und über die Verwendung der vorhandenen Mittel.

Die Satzungen der Centralstelle werden Bestimmungen über die Anzahl der Mitglieder enthalten müssen, die zur Beschlußfähigkeit ihrer Organe genügt, sowie über die Mehrheiten, die zur Beschlußfassung über die verschiedenen Materien erforderlich sind. Gleiches wird in den Satzungen der Verbände festzustellen sein.

Der Vorstand.

Die Obliegenheiten und Befugnisse des Vorstandes ergeben sich ohne weiteres aus den bisherigen Darlegungen. In der Hauptsache fallen sie zusammen mit den Befugnissen und Aufgaben der Centralstelle überhaupt. Daher kann hier von einer Aufzählung der Befugnisse des Vorstandes abgesehen werden.

Beiträge.

Die besonderen Verhältnisse und Schwierigkeiten, die einer vollkommen gleichmäßig belastenden, schematisch festgestellten Bemessung der Beiträge entgegenstehen, sind bereits bei Behandlung der Beitragsfrage in den Verbänden erörtert worden. In diesen soll die Beitragsleistung der einzelnen Mitglieder, zwar unter Berücksichtigung der Zahl der Arbeiter, ihrer Löhne und des Verhältnisses der Löhne zu den gesamten Herstellungskosten, aber in der Hauptsache doch auf dem Wege freier Vereinbarung geregelt werden. Damit scheint berücksichtigt zu sein, was in dieser Beziehung überhaupt in Betracht gezogen werden konnte, um für die einzelnen Mitglieder die Belastung soweit als möglich einheitlich zu gestalten. In dieser Beziehung etwas weiteres zu tun, ist für die Centralstelle ausgeschlossen. Für sie gestaltet sich daher die Beitragserhebung wesentlich einfacher. Hier wird zur Erwägung gestellt, die einzelnen Verbände zu verpflichten, einen gewissen Prozentsatz von der Gesamtsumme der von ihren Mitgliedern erhobenen Beiträge als Beitrag an die Centralstelle abzuführen. Somit würden die Einzelmitglieder der Verbände, auf die ja die Last der Beitragszahlung an die Centralstelle zurückfällt, nach demselben Maßstabe belastet werden, nach welchem sie für den Verband steuern. Andererseits würden auch alle Verbände, nach Maßgabe der von ihnen vertretenen wirtschaftlichen Bedeutung, von dieser Art der Beitragsleistung vollkommen gleichmäßig in Anspruch genommen werden.

Die Beiträge sollen so bemessen werden, daß sie ausreichen zur Deckung der Geschäfts- und Verwaltungskosten und zur Ansammlung eines Vermögensstockes. Darnach hat die Versammlung der Delegierten die Höhe des Prozentsatzes für die Beitragsleistung der Verbände zu bemessen.

Ueber die Höhe der sowohl bei den einzelnen Verbänden wie bei den Centralstellen anzusammelnden Vermögen ist hier noch nichts gesagt worden, es können auch Vorschläge in dieser Richtung kaum gemacht werden.

Es ist nicht nötig, hier irgend Verschleierung oder Beschönigung zu treiben; es dürfte vielmehr gut sein, das geradezu auszusprechen, was aus den bisherigen Darstellnngen auch bereits vollständig zu entnehmen ist. Es handelt sich hier um einen Kriegsschatz, den die Industriellen, die Arbeitgeber, nötig haben, um im Kampfe gegen unberechtigte Ansprüche der Arbeiter und ihrer sozialdemokratischen Gewerkschaften ihre, vom Gesetz nur ungenügend geschützte Stellung, aus eigener Macht zu wahren und zu behaupten.

Den Arbeitgebern wird von der Sozialdemokratie täglich der Krieg erklärt. Daran kann nicht zweifeln, wer die sozialdemokratische Presse verfolgt und die Reden und Resolutionen, die fast täglich von den Agitatoren und Hetzern in die Massen geworfen werden. Und Kriege wird es geben, erbitterte, schwere Kämpfe. Dafür ist gesorgt durch die Steigerung des Selbstgefühles der Sozialdemokratie, auf die von den verschiedensten Seiten hingearbeitet wird. Aber auch zu diesen Kriegen gehört, wie zu den von den Völkern gegen einander geführten, nach einem alten Ausspruch Geld, und wieder Geld und zum dritten Male Geld. Auch in dem Kampfe, den die Sozialdemokratie gegen die Stellung der Arbeitgeber führt, wird der siegen, dessen Geld am weitesten reicht. Das weiß auch die Sozialdemokratie sehr wohl, und daher ist sie, solange ihre Gewerkschaftsbeweguug besteht, darauf bedacht, ihre Kriegskassen zu füllen. In diesen liegen viele Millionen. Hier ist der Maßstab gegeben für die Höhe der bei den einzelnen Arbeitgeberverbänden und bei deren Centralstelle anzusammelnden Fonds. Die Arbeitgeber haben in dieser Beziehung viel nachzuholen. Die Erkenntnis, daß dem so ist, hat sich endlich Bahn gebrochen. Die Arbeitgeber werden diese Bahn bis zum Ende verfolgen. So wird es auch ohne die Feststellung der Höhe dieser Fonds nicht an der Erkenntnis fehlen, was in dieser Richtung zu tun ist. Jede Begrenzung würde hier nur hemmend und hindernd wirken.

Um aber doch im gewissen Grade regulierend auf die Beitragszahlung wirken zu können und sie, nach Maßgabe der absehbaren Verhältnisse, sowohl erhöhen, als mindern zu können, würde eine Bestimmung in den Satzungen der Verbände, wie der Centralstelle zu treffen sein dahin gehend, daß in gewisser Zeitabschnitten, etwa in drei oder in fünf Jahren, eine Revision der die Beitragsleistung betreffenden Beschlüsse zu erfolgen habe.

Die Obliegenheiten der Centralstelle in Bezug auf die Erfüllung des Zweckes der Arbeiterverbände, wo und in welcher Weise im Streitfalle einzugreifen es ihr gestattet und zur Pflicht gemacht wird, das ist hier bereits genügend erörtert worden. Eine Wiederholung an dieser Stelle kann wohl erspart werden. Wenn die hier erörterten Gesichtspunkte als Grundlagen für den weiteren Ausbau dienlich erachtet werden sollten, so wird es unschwer sein, diesen Ausbau vorzunehmen.

Hierzu werden auch die vielfachen Bestimmungen mehr formeller Art, über den geschäftlichen Verkehr der Centralstelle mit den Verbänden gehören. So werden beispielsweise die einzelnen Verbände zu verpflichten sein, der Centralstelle ihre Verhandlungen und Beschlüsse zur Kenntnis zu bringen. Abgeordnete der Centralstelle sollten berechtigt werden, an allen Verhandlungen der Organe der einzelnen Verbände mit beratender Stimme teilzunehmen.

Es wird zu erwägen sein, ob eine fortlaufende Statistik über die Vorgänge in den Arbeitgeberverbänden zu führen bezw. herauszugeben sei. Soll es geschehen, so werden die Verbände zu verpflichten sein, in bestimmten Zeitabschnitten das erforderliche Material zur weiteren Bearbeitung an die Centralstelle zu liefern.

Diese und wohl noch zahlreiche andere Punkte werden der satzungs- und geschäftsordnungsmäßigen Regelung vorbehalten bleiben müssen.

Bezüglich der meisten, wenn nicht aller der hier erörterten Grundlagen für den Aufbau und die Wirksamkeit der Arbeitgeberverbände, wie der Centralstelle, wird eine genaue Regelung der Ausführung durch spezielle Bestimmungen in den Satzungen oder durch die Aufstellung besonderer Geschäftsordnungen und Vorschriften erforderlich werden. Dabei wird es sich hauptsächlich um Formalien oder um Dinge handeln, bezüglich deren sachgemäßer und erschöpfender Regelung es an mustergültigen Vorbildern, besonders auch nicht an allgemeinem Verständnisse fehlt. Sind die allgemeinen, die maßgebende Prinzipien verkörpernden Grundlagen erst festgestellt worden, so kann die notwendige Ergänzung keine größeren Schwierigkeiten mehr bereiten. Daher konnte hier auf die Erörterung der vorerwähnten Einzelheiten verzichtet werden.

Damit dürfte der mit dem zweiten Abschnitt dieser Schrift verbundene Zweck als erfüllt zu betrachten sein. Was in der „Vorbemerkung" bereits gesagt ist, soll hier wiederholt werden. Es handelt sich nicht um irgend etwas anderes, als um den Versuch, vielleicht mit dieser Vorlage die Arbeiten des eingesetzten Komitees etwas zu erleichtern und zu fördern. Diese Arbeiten sind ernst und ihr Zweck ist groß. Möchten sie zum Wohle der gesamten Interessen des Vaterlandes gelingen!

Druck: Deutscher Verlag (Ges. m. b. H.), Berlin SW. 11.

Kolibri 360 GmbH
Ferdinand-Jühlke-Straße 7
99095 Erfurt, Deutschland
produktsicherheit@kolibri360.de